写给孩子的非暴力沟通

白日歌 编著

远方出版社

图书在版编目（CIP）数据

写给孩子的非暴力沟通 / 白日歌编著 . -- 呼和浩特：远方出版社，2022.12
ISBN 978-7-5555-1763-4

Ⅰ.①写… Ⅱ.①白… Ⅲ.①人际关系—少儿读物 Ⅳ.① C912.11-49

中国版本图书馆 CIP 数据核字 (2022) 第 234726 号

写给孩子的非暴力沟通
XIE GEI HAIZI DE FEIBAOLI GOUTONG

编　　著	白日歌
责任编辑	蔺　洁
封面设计	小徐书装
版式设计	宋建忠
出版发行	远方出版社
社　　址	呼和浩特市乌兰察布东路 666 号　邮编 010010
电　　话	（0471）2236473 总编室　2236460 发行部
经　　销	新华书店
印　　刷	唐山富达印务有限公司
开　　本	880mm×1230mm　1/32
字　　数	87 千
印　　张	5
版　　次	2022 年 12 月第 1 版
印　　次	2023 年 2 月第 1 次印刷
标准书号	ISBN 978-7-5555-1763-4
定　　价	48.00 元

如发现印装质量问题，请与出版社联系调换

前 言
做一个有礼有力的沟通者

你的同学和朋友里,有没有这样的人:明明可以用很平和的语气说事,但他们非要加一句"我就想不明白了,你怎么可以这样""我真是服了你了""你让我伤透了心"。

这就是我们通常所说的语言暴力。语言暴力,顾名思义,指的就是使用一些侮辱歧视性的语言,使他人的心理和精神受到侵犯和伤害。语言暴力相对于行为暴力来说,虽然不会给人身体上留下伤痕,但是它给人带来的伤害并不亚于行为暴力,甚至会带给人永久性的伤害。也许我们并不认为自己的谈话方式是暴力的,但语言确实会常常引发自己和他人的痛苦。我们平时对别人的指责、否定、妄断、肆意打断等,其实都属于暴力沟通的范畴。好的沟通方式让人如沐春风,暴力的沟通方式让人彼此疏远。所以,学会非暴力沟通显得尤为重要,特别是对于青少年来说，使用非暴力的沟通方式能够为我们将来进入社会后与人沟通打下扎实的基础。

非暴力沟通由马歇尔·卢森堡提出，它是一种能够使人们和谐相处、心意互通的沟通方式。学会非暴力沟通，首先能够帮我们化解冲突与矛盾，建立与他人和谐的关系，帮助我们与他人和睦相处；其次能够帮助我们了解激动的情绪背后所隐藏的需要，而且也能够帮助我们更好地去了解和理解对方的需求和心理。沟通的力量是十分强大的，有助于我们疗愈痛苦，化解彼此的敌意，建立与改善人际关系，也能够帮助我们改变固有的思维模式，减少与他人的冲突。

作为青少年，我们在生活中，大部分时间都是与家人、同学、朋友相处，有时候语言暴力并不只是用谩骂或侮辱性的语言去伤害他人，不恰当的沟通方式、不恰当的语言在无形中也会伤害到这些与我们关系亲密的人。学会非暴力沟通，能够使我们的心中存有爱意，在与周围的人相处的过程中，我们也会不断地成长，能够更好地去接纳他人，这对于我们以后步入社会来说，具有特别重大的意义。在生活中，学会非暴力沟通能够获

得朋友的肯定,在家庭中也可以解决各种琐事,保证家庭的和谐,所以青少年学会非暴力沟通是十分有必要的。

非暴力沟通的模型看似十分简单,简言之就是分为四个步骤:观察、感受、需要和请求。不过真正实施起来并不容易,就像我们知道大家都喜欢说话好听的人,但是在问题真正出现时,我们很难控制住自己,很多时候伤人的话会脱口而出。为了使大家能够更好地掌握非暴力沟通的方式,我们编写了这本书。本书通过分析青少年在学校、家庭、社会当中可能会遇到的各种状况,介绍了非暴力沟通在不同场景下的应用。书中的一些案例也可以帮助读者认识到暴力沟通并不仅仅是用难听的话去伤害对方,使读者意识到一些不经意的语言或者表情、语气也会伤害到他人。希望读者能够更好地与家人、朋友、同学交往,构建和谐的人际关系,提升自己的沟通能力,做一个有礼有力的沟通者。

目 录

第一章　这些伤人的话，你可能每天都在说 / 001

指责：欲加之罪，何患无辞 / 003

否定：三分钟热情遭遇一盆冷水 / 007

嘲讽：落井下石和伤口撒盐，哪个更幼稚 / 012

妄断：源于惯性思维的评价和结论 / 017

肆意打断：没耐心也是一种暴力 / 021

拒不回应：你的沉默，令人窒息 / 026

你早就过了童言无忌的年龄 / 031

第二章　原生家庭的影响：你的父母也和你一样吗 / 035

踢猫效应：为什么我们总在伤害最亲近的人 / 037

即便是父母，也难逃心智和情感的局限性 / 042

以暴制暴是爱的悲剧性表达 / 047

愤怒的核心是尚未满足的需要 / 051

从容应对家庭以外的暴力沟通 / 055

疗愈我们心中的隐秘伤痛 / 060

第三章　自己一个人也会出现的非暴力沟通 / 065

切忌过度自夸，更不要贬损他人 / 067

别把自己的不愉快感受归咎于别人 / 071

每股无名之火都是事出有因 / 075

以另一种方式看待这个世界 / 079

同理连接是转化消极情绪的快捷键 / 083

建立安全感、信任感和归属感 / 087

向前跑，迎着冷眼和嘲笑 / 091

目 录

第四章　心存善念：解决分歧与冲突 / 095

以怨报怨，只会两败俱伤 / 097

辨别让你感到反感的深层因素 / 101

试着理解那些无心伤害你的人 / 105

把对别人的"意见"变为"建议" / 109

建设性互动与破坏性互动的黄金比例 / 113

道歉不走心，反而会造成二次伤害 / 117

第五章　表达感激：促进信任与合作 / 121

人际关系的纽带是交情，而非交易 / 123

谁是你可以随时打扰的人 / 127

表达自己的需要，倾听对方的需要 / 131

三种问询法，让对方跟着你的节奏走 / 135

社交距离：站得足够近，但也别太近 / 139

肢体语言：帮你"说话"的神助攻 / 143

拒绝与被拒绝都是人生常态 / 146

第一章

这些伤人的话,你可能每天都在说

第一章　这些伤人的话，你可能每天都在说

指责：欲加之罪，何患无辞

李旭阳和学校辩论队的同学代表学校参加市里的辩论比赛。为了这次辩论赛，他们废寝忘食，希望能够拿到一等奖为学校争光。经过激烈的角逐，他们终于进入了决赛，可是最后还是以几分之差与冠军失之交臂，一行人垂头丧气地回到了学校。

看大家的情绪都比较低落，李旭阳想活跃一下气氛，说道："这次比赛大家都挺辛苦的，亚军也不错，我们下次再接再厉嘛，出去吃点儿东西庆祝一下吧。"

"就知道吃，哪次练习不是你先嚷嚷着说饿，要不是你，说不定这次就赢了。比赛输了还好意思吃饭！"同学甲小声嘟囔。

"说什么呢你！旭阳哪次没给你带饭！自己准备得不够充分还怪别人，现在那么会说，比赛的时候怎么不说了？"同学乙忍不住替李旭阳争辩。

"我怎么准备不足了，倒是你，每次练习还有查资料总是最后一个卡着点儿来，一帮人都等着你，你们两个倒是挺像的，都是好吃懒做的。谁愿意去谁去，反正我不去，烦着呢！"同学甲说道。

"我卡点儿来也没有迟到呀，什么叫好吃懒做，我们那叫真实！谁都像你一样吗，假模假式的，平时装作挺认真的样子，不去拉倒！"同学乙对同学甲的说法嗤之以鼻。

李旭阳自然十分不愿意同学之间这样争吵，说道："都别吵了，比赛输了大家都不开心，有什么大不了的，我们下次赢回来就行了，一点儿小事都要吵来吵去的，我们的团队以后还怎么合作！"

同学甲说道："没办法合作就不合作了，谁离开谁还过不下去了似的！"说罢，气冲冲地走了。

这场发生在李旭阳和他的同学们之间的不愉快看似是由于同学甲对李旭阳不分青红皂白地指责自己引起

的，其实是因为大家都特别渴望赢得比赛，但是比赛失败了。

同学甲的抱怨和指责，换作是谁都会去反驳，所以有争吵也是正常的。同学甲可能只是希望自己安静一下或者分析一下这次失败的原因，却用了错误的表达方式，一味地去指责他人，结果和同学们产生了冲突。

马歇尔指出，非暴力沟通有四个要素：观察、感受、需要、请求。根据这四个要素，我们可以重新去分析一下这场冲突。第一个就是观察，也就是客观地观察所发生的事情，不要带入自己的主观想法。同学甲所说的第一句话"就知道吃，哪次练习不是你先嚷嚷着说饿"，就带了他个人的主观成分，也就是他认为李旭阳提议去吃东西是错误的，并没有单纯地陈述事实。"不带评论的观察是人类智力的最高形式。"但是，在现实生活中，我们总是习惯性地对某一件事加上我们自己的评判。第二个要素是感受，就是去表达我们的感受。在这里，表达感受并不是表达自己的想法，同学甲所说的"比赛输了还好意思吃饭"就是他自己的想法，换种说法去表达就是"今天的比赛输了我有点儿难过"。如果他这样说，就不会伤害到别人，更不会引发冲突了。第三个要素是需要，说出我们的需求。同学甲是怎么表达的呢？"谁愿意去谁去，反正我不去"，他只是想表达自己想一个人待一会儿，却用了一种比较激烈的表达方式。如果他对同学们说"这次比赛输了，我有点儿难过，想一个人安静一下"，这样大家也就会理解他了。不带负面情绪地表达自己的需要，反而更能够使对方做出积极的回应。第四个要素就是提出请求，用婉转的语言明确地告诉对方我们希望他怎样做，这样的方式更容易让对方接受。

通过分析，我们可以知道，无论遇到什么样的困难，第一时间就想到指责对方是无法解决问题的，除了将矛盾扩大化，指责毫无用处。特别是在一个团队当中，我们需要的是齐心协力地找到问题之所在，而不是失败了就去指责别人犯了怎样的错误，在这个时候非暴力沟通就显得尤为重要了。

第一章　这些伤人的话，你可能每天都在说

否定：三分钟热情遭遇一盆冷水

十一长假到了，李佳儿和同学露露打算进行一次两天的短途旅行，对于去哪儿，两个人实在想不到什么好玩儿的地方，就在地图上搜索距离比较近的旅游景点。

"这个漂流怎么样？看着挺好玩儿的，还很刺激。"露露兴奋地让李佳儿看她搜索出来的图片。

"现在的天气去漂流有点儿冷吧，我不想去。"李佳儿毫无兴趣。

"去爬山怎么样？看着风景也不错。"露露说道。

"啊，太累了吧，我可爬不了。"李佳儿摆摆手。

"去游乐场呢？那里有好多项目可以玩儿。"

"人太多了，又挤，不好玩儿。"

"野生动物园呢？"

"太脏了吧，又臭，猴子、大象啥的有啥好看的。"

"去泡温泉，放松一下？"

"还得买泳衣，太麻烦了。"

……

如此循环往复，她们始终没有定下来目的地，浪费了那么长时间，李佳儿也有些着急，说道："你行不行啊，找了那么长时间没一个让人满意的地方，这都是些什么地方啊！"

露露怒道："我找了那么长时间还费力不讨好，你有本事自己找啊！"

李佳儿嚷嚷道："自己找就自己找，有什么大不了的，好像你多厉害一样。"

两个人就这样不欢而散。

在日常生活中我们时常会遇到这种情况，比如讨论吃什么，很多人都会回答随便，但是当真正决定了去吃什么以后，就会有人开始指责对方"吃的这是什么啊，一点儿都不好吃，下次还得我自己选"。这种沟通方式，就属于暴力沟通的一种。其实，我们只是想表达我们的

第一章 这些伤人的话，你可能每天都在说

需要，却用了错误的沟通方式，最后的结果也只会适得其反。

在李佳儿和露露的事例当中我们就可以看到，李佳儿一直在否定露露，甚至在最后将露露的努力全盘否定，这不但会伤害到对方，而且也会破坏二人的关系。如果换个说法，"这些地方都还可以，或者看一看地图，我们再选一选，看看有没有更好玩儿的地方"，既表明了自己的需要，又不会伤害到对方。

我们在日常生活中可能习惯了直接地表达自己的一些负面的情绪，在这种情况下总是容易说出一些伤人的话，对别人的努力嗤之以鼻或者是以偏概全地对别人进行否定。没有人会希望自己被批评或否定，这样的语言其实也只能够暂时性地释放一下自己的情绪，却会激起别人的逆反心理，也会打击到对方的自信心，甚至使对方一蹶不振，并且也会制造出更多的矛盾冲突。很多父母在对孩子进行批评的时候就经常会犯这样的错误，"你看看你，怎么从来都不知道干点儿家务""你看看你，又闯祸了，从小到大就没让我省过心""这次考得不怎么样，没有达到我的预期""我从来没见过你这样的孩子，怎么这么不听话"……我们从小到大应该听到过不少这样的话,也会觉得委屈,我们明明只是做错了一件事,却被父母说成从小到大一直这样,我们明明付出了努力,却依然得不到他们的认可,有的人选择自暴自弃、破罐子破摔,有的人可能会被激励,奋发向上,但无一例外,我们都会被这样的语言伤害到,这些伤害可能在多年以后仍然无法治愈。

所以我们在与别人沟通的过程中应该注意以下几点。

第一,要明确地阐述事实,而不是对这件事加上自己的判断,更要避免以偏概全。

第二,要正确表达自己的感受,注意区分想法和感受,不要把想法当作自己的感受。

第三,向对方说出自己的需要,告诉对方我们究竟有哪些需要导致了我们的感受,比如我们上面所提到的李佳儿,因为她想拥有一次完美的旅行并且想尽快确定下来目的地,所以才会产生这种焦急和烦躁的感受。

第四,要明确地提出自己的请求,不要含糊其辞,也不要命令对方应该怎样去做,多用一些平和的语言来表达对对方的请求,而不是使对方产生,如果我不这样做就会受到惩罚的想法。

总之,无论是在家庭、学校还是社会生活中,我们都需要用正向的语言引导对方,告诉对方我们想要的,这样我们每个人的需求都能够得到满足,生活中的不愉快也就会相应减少。

嘲讽:落井下石和伤口撒盐,哪个更幼稚

马上就要期中考试了,小杰数学成绩比较差,每天都在努力复习数学,希望这次能够考得好一点儿。

晚自习下课,小杰没有出去玩儿,还在埋头背公式。同学甲经过,说道:"哟,还在学数学啊!不是我说,就你那数学水平,这几天工夫没多大用。"

"能多学一点儿是一点儿嘛,这次能比上次考得好点儿就行了。"小杰心里有些不舒服,但还是压下心头的不快笑着回应同学甲。

"让我说啊,还不如下课多玩儿一会儿呢,那么刻苦,给谁看呢。"同学甲小声嘀咕着走开了。

功夫不负有心人,经过努力复习,小杰的数学成绩

第一章 这些伤人的话，你可能每天都在说

和上次相比有了很大的进步，他心里自然美滋滋的，拿着试卷修改着错题，准备一会儿记到错题本上，以免下次再犯同样的错误。

"我看看你考了多少分。"同学甲一把夺过小杰的试卷，看了一眼说道："就考这么点儿，我以为你前几天那么认真复习，得考得多好呢。我都告诉你了不要浪费时间，你还不听。"

小杰抓着手里的笔没有吭声。

同学甲看他没有反应，开始变本加厉："你看看，这么简单的题你都能做错，哈哈。"然后又拉住旁边的同学一起看小杰的试卷，一边看一边说他哪道题不应该错，还时不时发出小声的怪笑。

小杰站起来夺过自己的试卷，大声道："我考得怎么样跟你有什么关系？管好你自己吧！"说罢，气冲冲地坐下，不再理会同学甲。

"开个玩笑，至于吗，好像谁稀罕看你的试卷。考得那么差，让我看我都不看。"同学甲说道。

小杰趴在桌子上，心情久久不能平静，眼泪在眼眶里打转。

良好的沟通方式可以使人心情愉悦，而暴力的沟通方式只会将人与人之间的距离越拉越远。同学甲的这种沟通方式不仅会破坏他们二人的关系，而且会极大地伤害到小杰的自尊心，打击小杰的积极性。相对于身体上的暴力，语言上的暴力有时更为伤人，有些时候还会对别人造成毁灭性的打击。俗话说：软刀子伤人，不出血，伤人心。同学甲认为他只是和小杰开玩笑，但是对于小杰来说，同学甲的语言深深地伤害了他，到底是开玩笑还是嘲讽，我们要明白二者的区别。

我们在生活当中，也会经常听到或者说出一些嘲笑我们或者嘲笑他人的话语，比如，"你看你胖的""你穿这件衣服可真是丑死了"，一些话在说出口的时候，我们可能认为那是玩笑，却在无形之中对别人造成了伤害。所以，我们应该知道哪些话该说，哪些话不该说。

一些孩子，在家里经常被父母说"不能再吃了，再吃就太胖了""实在是太胖了，合适的衣服都买不到"，久而久之，可能就会造成他们自卑的心理，甚至会激起他们的应激反应，被同学或者是其他人说胖的时候与他们产生冲突、矛盾。

第一章　这些伤人的话，你可能每天都在说

在小杰和同学甲的事例中，他们是同学，他们之间的交流本身应该是建立在平等和互相尊重的基础之上，同学甲对小杰却是带了自己的评判，小杰的刻苦学习在他看来没有什么用，还出言挖苦并且嘲笑小杰。小杰的成绩有了进步，他依然在讽刺小杰，没有肯定小杰的成绩取得了进步这一事实，最后用轻飘飘一句"开个玩笑"把他对小杰的伤害一笔带过。殊不知，他的话给小杰带来了非常大的伤害。

在意识到冷嘲热讽给他人带来的伤害之后，我们就应该注意避免这种情况的发生。那么，应该怎样避免呢？我们应该做到不要用自己的尺子去丈量他人，不要用自己的标准去评判别人。同学A在看到小杰成绩的时候就是犯了这样的错误，可能他的数学成绩比较好，所以他并没有考虑到小杰的成绩是通过自己的加倍努力得来的，而且还取得了巨大的进步，只是一味地去嘲讽和挖苦小杰。还有就是在我们进行语言表达的时候要注意观察对方情绪上有没有变化，可以观察他们的表情或者是肢体动作，这样能够帮助我们去了解他人的感受，在发现对他人造成伤害之后要及时停下来并且弥补自己的错误。不同的人对自己情绪的表达方式也不同,有的人会沉默不语,有的人会大吵大闹,我们不能因为他人没有激烈的反应而忽略他们的感受,然后持续不断地去伤害他们。有句话说"不在沉默中爆发,就在沉默中灭亡",伤害积累得越多,爆发的可能性就越大,最后甚至会造成更大的悲剧。

人们在生活当中总是希望听到别人对自己的赞赏,特别是在付出了一定努力之后。我们可以看到,在小杰的事例当中,小杰其实对自己的成绩还是比较满意的,同学甲对他的一番嘲笑对他来说无疑就是给了他当头一棒。我们还要注意的就是需要适时地给他人以赞赏,并且是真诚的肯定与赞赏。

生活当中总是有些人以肆意地嘲笑挖苦他人为乐,但这除了能够满足自己扭曲的自我满足感,没有任何益处,无论是往伤口上撒盐还是落井下石,都是损人不利己的行为。我们要时刻记住一点,与人为善,与他人平和地交流,这样我们的世界才会变得更加美好。

第一章　这些伤人的话，你可能每天都在说

妄断：源于惯性思维的评价和结论

学校举办了一次作文比赛，一向对学习不感兴趣的小博跃跃欲试，因为征文题目跟前段时间自己参加的一次活动相关。小博报名参加了这次的比赛，没想到拿了二等奖。

小博把这个喜讯告诉了爸爸妈妈，没想到得到的并不是表扬。妈妈感到非常意外，平时学习成绩不太好的儿子竟然会得奖。她把小博的文章反复看了很多遍，说道："这是你写的吗？说实话啊，不会是抄的吧？"

小博欲哭无泪，说："妈妈，这怎么可能是抄的呢，全都是根据我的亲身经历写的。"

爸爸也将信将疑："你这次能参加比赛，我和你妈妈已经很开心了，就算不拿奖我们也为你感到骄傲，不过要做诚实的孩子……"

"这真的是我写的，你们怎么就不相信呢？我就不能得奖吗？"小博委屈地冲爸爸妈妈说，然后跑进房间用力关上了门。

小博无精打采地来到了学校，走到教室门口就听到几个同学在讨论什么，隐约还提到了自己的名字。

"你们听说了吗，小博获奖的那篇作文好像是抄的。"同学甲神神秘秘地说道。

同学乙接着说："真的吗？没想到他是这种人，真是给我们班丢脸。"

"平时看着挺老实的，知人知面不知心啊，看来他学习差，人品也不行。"同学丙说道。

小博听到这些话，面无表情地走进教室，几个同学面面相觑。

"说啊，怎么不接着说了？"小博大声嚷道。

"我们还冤枉你了不成？别人都这么说，要我说啊，你赶紧去找老师承认错误，不然你就等着挨罚吧！你成绩这么差，怎么可能得奖？"同学甲愤愤地说。

第一章　这些伤人的话，你可能每天都在说

"成绩差怎么了，成绩差就不配得奖了吗？"小博简直是跳进黄河都洗不清了。

在几位同学的劝说下，这场争吵终于结束了。小博回到座位上陷入深深的思考：为什么大家都不相信我，为什么大家都觉得我获奖不正常？

从上述事例我们可以看出，无论是小博的父母还是同学，都陷入了一种误区，就是认为学习成绩不好的小博获了奖是因为作弊，这就是他们对小博的固有印象影响了他们对这次小博获奖的判断。在他们现有的固定思维模式中，小博就应该是学习成绩不好，这样才是合理的，而小博获了奖就是不合理的。

其实我们经常会犯类似的错误，不只是对于他人，对于自己，我们也很容易犯这样的错误，比如要参加某些活动，认为不是自己的强项，还没开始就已经打退堂鼓了，最后导致什么事情也不敢尝试。根据惯性思维所做出的一些判断，有时会伤害到他人的内心，就比如小博的事例，他的父母、同学的话都深深地伤害了他。对于自己而言，惯性思维会限制自己的发展，导致做事畏首畏尾。

我们应该怎样做才能避免对他人的伤害？要客观地描述事实，而不是根据对这个人或者这件事的固有印象妄下判断。小博的同学、父母认为小博获奖是因为作弊了，这就是他们根据所看到的事做出的一种推理，而事实仅仅是小博学习成绩比较差，但是他在作文比赛中获奖了。带有情绪地做出判断是我们最容易犯的一种错误。在沟通的过程中我们还要给对方足够的尊重，不要伤害到对方的自尊心，关注对方的感受，不要仅仅因为自己的主观臆断就给对方轻易地下定论，要想一想如果自己遇到这样的情况，被别人误解、轻易地被定义，自己的心情会怎样。做到站在对方的角度看问题，就可以避免轻易地给他人贴"标签"。

　　我们应该敢于跳出舒适圈去做一些新的挑战，打破自己的思维定式，这样我们就能从中获得很多乐趣。

　　基于自己的惯性思维做出评判，不管是对自己还是对他人，都容易带来伤害。请记住，建立在事实之上的沟通才是真正的尊重。

第一章　这些伤人的话，你可能每天都在说

肆意打断：没耐心也是一种暴力

临近中考，小雨的压力特别大，情绪也不太稳定。

周六，小雨正在为一道数学题苦恼的时候，妈妈喊他吃饭。他嘴里答应着，拿着笔的手依然不停地写写画画，在妈妈喊了好几声之后他才不情不愿地走出房间去吃饭。

妈妈看出了他最近的精神比较紧张，就寻找各种各样的话题跟他聊天。

"最近学校里怎么样，有什么活动？"妈妈问道。

小雨回答："就那样吧，都快考试了，谁还有心思参加活动呢。"

妈妈接着问："上课的时候呢，老师讲课的内容你都能听懂吗？"

"我有那么笨吗？"小雨抬头看了看妈妈，心不在焉地说道。

"马上就要考试了，别给自己那么大压力，别把自己压垮了，学习再忙也要按时吃饭，刚才……"妈妈又叮嘱小雨。

还没等妈妈说完，小雨就说："妈，这些话你都说多少次了，听得我耳朵都起茧子了。我可没工夫陪你说这些，吃完饭我还得赶紧去做题呢。"

妈妈只得悻悻地住了口。突然她想到自己的手机刚才出了点儿问题，想让小雨帮忙看一下。

"小雨啊，妈妈手机上这个软件突然打不开了，一会儿还需要处理点儿工作，你能给我看一下吗？"妈妈小心翼翼地问道。

小雨只得拿过手机操作了一下，然后递给妈妈，说："好了。"

"这就好了吗？可是今天上午……"妈妈有些疑惑。

"就是弄好了呀，妈，我刚才都跟你说了，我要赶紧吃完饭回房间做题，这么简单的操作你都不会。"小

雨再一次打断妈妈的话。

吃完饭,小雨回房间埋头做题,而妈妈看着紧闭的房门觉得有些伤心。

在这个事例中,小雨和妈妈虽然没有发生激烈的冲突,但是小雨的语言和行为还是伤害到了妈妈。我们可以发现,小雨对妈妈的态度是敷衍和不耐烦的,他没有考虑到妈妈的感受。不耐烦、没有耐心,在别人说话的时候肆意打断他人,其实这些都属于冷暴力,这种冷暴力非常容易被我们忽视,它会给他人的精神还有心理带来伤害。

我们应该怎样避免这种冷暴力带给他人的伤害呢?

第一,控制情绪,不要将自己糟糕的情绪发泄到他人身上。小雨将自己紧张的情绪发泄到妈妈身上,给妈妈带来了伤害。他如果能冷静一下,控制自己的情绪,可能就不会选择这样做了。平复一下自己的心情,做一次深呼吸,权衡利弊之后我们也许就可以找到合理的方法来排解自己的压力了。

第二,学会尊重他人,与他人平等地交流。在这个过程中我们还要注意做一个倾听者，尊重他人的感受，倾听他人的想法。我们在与人交流和相处的时候，很容易只在乎自己的感受而忽略别人的感受。小雨在与妈妈相处的时候只考虑到自己的压力大，想要赶紧回房间学习，而忽略了妈妈对他的关心以及妈妈需要他的帮助。小雨只站在自己的角度去评判妈妈的行为，这样的举动会伤害到他的妈妈。所以，我们要注意倾听对方的感受和需要，而不是一味地只顾自己，通过倾听，我们可以更深入地了解对方的需要和感受，能够与对方平和地沟通。

第三，倾听的同时不要忘记给对方回应。与对方多交流，可以增进我们对彼此的了解，减少误会的发生。在沟通的过程当中要注意给对方真诚的反馈，不要敷衍了事，不要用"嗯""哦""好的"这些词语作为给对方的反馈，应该积极地说出对他人语言的一些理解，并主动表达自己的感受还有需要，这种反馈越具体越好。我们也要注意保持平和，不要用一些激烈的语言，这样除了会带来争吵，别无他用。当我们真的有事无法给对方回应的时候，不要贸然地打断对方，可以告诉他"我现在还有些事需要马上处理，我们一会儿再说可以吗"。这样的话，我相信，对方也会理解我们的处境。

给别人以尊重，别人也会尊重我们，投之以桃，报之以李。平等相待、互相尊重才是人与人之间正确的相处方式。

拒不回应：你的沉默，令人窒息

小月和浅浅是一个宿舍的舍友，也是好朋友，不过有些时候小月觉得和浅浅相处有点儿累。很多次小月都还搞不清楚状况，浅浅就会变得特别沉默，宿舍里的气氛也会变得特别尴尬。不只是小月，其他的同学在宿舍说话或者做事情的时候也是小心翼翼的，怕说了什么或者做了什么惹到浅浅。

周五的下午，结束了一周的课程，几个人商量去吃顿大餐。正在讨论的时候，浅浅气冲冲地走了进来，然后躺在床上一言不发。

同学甲看了看浅浅，又看了一眼小月，轻轻地问了小月一句："她又怎么了？"

小月摇了摇头,也在纳闷浅浅今天这是怎么了,刚才还好好的。

同学乙走过来,几个人纠结在这种情况下要不要叫浅浅一起出去吃饭,叫她去怕她现在心情不好,不叫她去又怕她会多想。

最后小月决定硬着头皮问一下浅浅:"浅浅,你没事吧?"

浅浅没有回答。

小月接着又问:"是有什么事吗?你可以跟我们说说。"

这次倒是有了动静,浅浅转过身去背对着小月。

小月陷入了尴尬,没办法只能又问了一句:"浅浅,我们要出去吃饭,你要一起去吗?"

"不去。"浅浅终于说了一句话。

"那好吧。需要我们回来的时候给你带什么东西吗?"小月问道。

浅浅又是一言不发。

见状,小月只得作罢,和两个室友一起出了门。

同学甲对浅浅的意见很大,说道:"她老是这样,不知道什么情况就心情不好了，问她怎么了，她什么都不说，憋都憋死了。"

"对呀，宿舍里又不是只有她一个人，有什么事可以和大家沟通呀。她什么都不说，我也搞不清楚到底是我们惹到她了还是其他人惹到她了。"同学乙也开始抱怨。

"好啦好啦，回头我问问她是不是有什么事。"小月劝着两位室友，但是心里也很苦恼。浅浅总是拒绝沟通，遇到问题她也是束手无策。

其实不只是不恰当的语言会伤人，沉默有时候也会伤人。这里的沉默不单单是指不说话，还有就是拒绝沟通，拒绝表达自己的感受，特别是在两个人发生冲突的时候，一方或者是双方都不沟通的话，不仅无法解决问题，还会将矛盾扩大。

有时候为了避免产生误会和一些不必要的麻烦，我们会选择用沉默来应对，但并不是所有的问题都可以用沉默来解决，很多时候我们还是需要敞开心扉。

要知道，我们的想法、感受是需要我们通过语言表达出来。就像上述事例当中，经过多次的询问，浅浅依然是沉默不语，她的室友就会猜测是不是自己无意之中惹浅浅生气了，造成不必要的误会。哪怕浅浅只是说一句"我现在有点儿难过（生气），想一个人待一会儿"，她的室友也就不会胡乱猜测、自我怀疑了。

在生活当中，我们千万要记住，要想解决问题，就一定要和对方保持沟通，如果我们不和别人沟通，那别人也就无法了解我们真正的感受还有需要，我们都希望能够和他人保持良好的关系，希望别人能够认可我们、赞赏我们，但是如果我们遇到问题就沉默以对，不和别人沟通，别人不了解我们，又怎么会认可我们呢？如果说两个人发生矛盾，不通过沟通来解决的话，就会导致矛盾被搁置在那里，就像滚雪球一样，没有得到妥善解决的矛盾越积越多，总有一天会爆发出更大的矛盾。

如果说，我们实在是不想通过语言来进行沟通，那么通过文字来表达自己的情绪和需要也不失为一种好办法，可以给对方发微信或者短信。在这里我们需要注意的就是，文字和语言不同，对方可以通过我们的语气和语调来判断我们的情绪，但是很难通过文字来判断我们当下的情绪到底如何，所以我们要仔细斟酌用语，避免对方理解偏差造成误会。

当我们和他人发生矛盾的时候，保持沉默可能是最容易的一种选择，但是不能从根本上解决问题，而且对他人来说，这个时候的沉默可能是一种精神上的折磨，可能会导致更大的问题。所以，问题出现时，选择直接面对，表达自己的真实感受和需要，才是最有效的沟通方式。

你早就过了童言无忌的年龄

周六下午,妈妈在家包饺子,佳佳和妹妹在一旁帮忙,佳佳和妈妈讨论起了期中考试的成绩。

"这次数学成绩不太理想,下次还得加把劲。"妈妈说道。

佳佳接着就撒娇道:"知道啦妈妈,我保证下次考个好成绩。"

妹妹在旁边说了一句:"姐姐,你也太笨了吧!我这次数学考了 100 分呢,我们老师都夸我了!"

佳佳拍了拍妹妹的脑袋,笑着说道:"小屁孩,你上几年级,我上几年级,我们的数学可比你现在学的难多了。"

"等我到了跟你一样大的时候,肯定比你学习好。"妹妹小声嘟囔着。

佳佳回应道:"就你学习好,行了吧。"

"那是肯定的,我以后肯定比你学习好,还有人说了,我长大了肯定比你漂亮。"妹妹接着说道:"我可是集成了爸爸妈妈的所有优点,你看看你,塌鼻梁,腿又短又粗,还有点儿胖。"

佳佳难免有点儿生气,说道:"说什么呢你,你才长得丑呢!"

妈妈看两姐妹快要吵起来了,赶紧说道:"佳佳,妹妹还小呢,说什么都不要放在心里,童言无忌。"

佳佳见状,只得住了口,可还是有一肚子气没地方撒。这时候妹妹又朝她做了个鬼脸。佳佳觉得自己简直要气炸了,心里有说不出的委屈:哪次妹妹说了什么话,妈妈总是拿她年纪小当理由,从来都没有真正解决过问题。

佳佳越想越生气,越想越委屈,干脆把自己锁在房间里,晚饭都没有吃。

其实,我们在生活中总能听到这样的话,"他还小呢，说的话不要当真""那么大的人了，跟个孩子计较什么""童言无忌，有口无心"等，但是我们忽略了一点，口无遮拦并不等于童言无忌。小孩子说出一些话让人哭笑不得可以说是童言无忌，而有的时候专戳人的痛处、揭别人的短就属于口无遮拦了，前者能够逗人一笑，后者则会伤害到别人，也是不尊重别人的一种表现。很多问题都无法用年龄小、童言无忌这样的借口来解决，无论是成年人还是小孩，都应该学会好好说话。

好好说话第一点要做到的就是学会尊重他人。始终保持善意，不要用对方的缺点当作攻击对方的武器。我们每个人都希望能够得到他人的尊重，前提是我们必须同样尊重他人，站在对方的角度去看待问题。当我们已经明显感觉到对方对某件事非常介意或者已经明确表示不喜欢这样的时候，我们就应该停下来好好想一想，我们的话是不是已经伤害到了对方。打人不打脸，骂人不揭短，每个人都会有自己的缺点，也有不想被别人触碰的禁区，比如身体上有缺陷，对自己的某些地方不太满意等，如果我们一而再再而三地用语言刺激他们，只会增加他们的痛苦，加重他们的心理负担。

第二点要做到的就是说话注意分寸，要明白哪些话该说哪些话不该说，在什么样的场合应该说什么样的话。有人认为有什么说什么是直率真诚的表现，但是我们要注意口不择言并不等于直率，说话之前要先动一动脑子，想一想我们这样说是否恰当，会不会伤害到别人。有句话说得好，"病从口入，祸从口出"，如果只是一味地想什么就说什么，那么只会引起别人的反感。

懂得尊重和分寸是我们与人交往、沟通的底线，我们在儿童时期还可以说是因为自己年纪小，不懂事，但是随着年龄的增长，还是继续那套"童言无忌"的说辞的话，那就是不成熟的表现。在生活当中，无论是和陌生人还是和亲密的人交流，都需要把握分寸，照顾到对方的感受，只有这样我们与他人的交往才能更加顺畅。

第二章

原生家庭的影响：你的父母也和你一样吗

踢猫效应：
为什么我们总在伤害最亲近的人

小测试的成绩出来了，李磊的成绩这次下滑得比较厉害，正趴在桌子上闷闷不乐。

"李磊，班主任叫你。"同学甲喊道。

李磊怀着忐忑的心情走进办公室，果不其然，等待他的是班主任的一阵说教。从办公室出来以后，李磊的心情更加低落。

回家以后，李磊走进自己的房间，看到被妈妈收拾干净的房间并没有丝毫喜悦，而是冲着妈妈说道："我都跟你说了，不要老是动我房间的东西。你看，我的书全被你搞乱了，我自己都找不到。"

妈妈自然不甘示弱，说道："我给你收拾房间还收拾错了吗？你的房间里乱七八糟的还不让别人收拾，你看看你说的什么话！"说罢，妈妈气冲冲地走出房间，看到了正在客厅里玩儿玩具的弟弟。

妈妈忍不住大声训斥："你和你哥哥一样，总是把家里弄得乱糟糟的。我整天跟在你们屁股后面收拾。你们能不能让我省省心！"

不明所以的弟弟就这样被妈妈训了一顿，眼泪汪汪的。家里的气氛一团糟，李磊的心情更差了。

李磊的事例就属于典型的踢猫效应。我们可以来简单地解读一下什么是踢猫效应。踢猫效应其实就是一种坏情绪的传染机制，心理学上有这样一个故事来描述踢猫效应。一个父亲在公司受到了老板的批评，回到家看到在沙发上跳来跳去的孩子，把孩子骂了一顿。孩子自然心里不高兴，就踢了身边的猫一脚。猫逃到街上，一辆货车驶过，猫被撞倒在地。所谓踢猫效应也就是一个人内心的不满情绪沿着等级和强弱组成的社会关系链条依次传递，而无处发泄的最小元素就会成为最终的受害者。在李磊的事例当中，他的坏情绪的最终受害者是他的弟弟。他的负面情绪传染给了他的妈妈,他的妈妈又将情绪发泄到了他的弟弟身上,他的弟弟因此受到这种坏情绪的影响,进而受到伤害。

相信很多人在小时候都会遇到这样的情况,爸爸妈妈工作上不顺心,回家之后就会因为一件小事而训斥自己,不知所措的我们只能自己偷偷地哭泣。通过大多数人的经历,我们就可以知道,我们的坏情绪其实最先伤害的就是身边最亲密的人,不管是处于踢猫效应这种恶性循环当中的哪一环,不管是我们自己还是别人,都会受到影响,我们与他人之间的关系也会遭到破坏。

我们在生活中应该怎样控制自己的情绪,避免误伤到我们亲密的人呢?

首先,要了解导致自己坏情绪的原因到底是什么。我们的感受不是由别人引起的,而是由我们自己的需要引起的,一些未能满足的需要才是触发我们坏情绪的关键,除了我们自己,没有其他人可以让我们生气。当我们专注于自己的需要,而不是外界的干扰时,我们因为需要不能被满足所产生的失望、沮丧等情绪,也就不会因为刺激源的出现而转化为愤怒。

其次，除了可以自己寻找原因解决问题，还可以寻找其他的途径来纾解情绪，比如，向自己的亲朋好友诉说烦恼。在李磊的事例当中，他沮丧的原因是他的成绩不理想，如果他在回家之前选择向自己的朋友诉说自己的感受，得到朋友的帮助或者安慰，或许他和妈妈就不会发生争吵，而他的弟弟也就不会无端受到牵连。

通过倾诉来解决问题比向他人发泄坏情绪要有效得多。我们的家人、朋友，和我们有着亲密关系的人不是我们的"出气筒"，更不是承载我们坏脾气的"容器"。充分地表达愤怒而不是发泄愤怒，是我们应该记住并且要做到的事情。

我们每个人都会有负面情绪，如果说不能很好地处理这些负面情绪，就会不断地影响到其他人，首当其冲的就是我们身边最亲密的人，总有人会因为我们坏情绪的传染而无端受到伤害。所以，我们要控制自己的情绪，不让不良情绪蔓延到他人身上。

试着去传递自己的好心情，而不是使自己的坏情绪蔓延出去。当我们成为踢猫效应当中的一环时,只要能够保持冷静、控制情绪,就可以将这个恶性循环的链条终结掉。

即便是父母，也难逃心智和情感的局限性

上了初中以后，小恺和父母纷争不断，爸爸妈妈总是看他不顺眼，他稍不注意就会被"打击教育"，对此，小恺非常反感，甚至开始反感和父母的接触。

好不容易放了寒假，终于可以稍稍放松一下，却因为期末考试成绩有些下滑，爸爸妈妈看不得他多玩儿一会儿。过年期间，他以为回了爷爷家可以安心玩几天，没想到还是每天一小吵，三天一大吵。这让小恺非常郁闷。

这天，表哥表姐们都回了老家，几个人商量着带小恺还有弟弟妹妹出去逛一逛，一听到这儿，小恺立马来了精神，兴冲冲地去小卖部买了不少零食，准备在路上

吃。他本来想把零食藏起来，没想到还是被爸爸撞见了。

"又去干什么了？"爸爸阴沉着一张脸问道。

小恺只能怯怯地回答："出去买东西了。"

爸爸说道："过年压岁钱收多了？花钱花得挺顺手呀。"

看小恺不说话，爸爸更加烦躁："从回来以后你看你学习了多长时间，每天除了吃喝玩，什么也不干，花钱花得挺拿手，学习怎么不见你这样！现在不好好学习有钱花，长大了只能去要饭。"说完生气地扭头就走。

小恺站在原地，心里只觉得委屈，自己已经把其他的作业写完了，这几天没怎么学习是因为把书包忘在了外公家，爸爸又不是不知道。想着这些，小恺的眼泪止不住地往下流，内心对爸爸的埋怨又多了一分。

我们总是认为，父母作为成年人，在处理问题的时候应该更冷静、更沉着，但现实并非如此。在我们与父母发生矛盾的时候，反而他们有时候更容易情绪化，在这个过程当中，他们会说出一些话或者做出一些事伤害到我们，使我们和父母之间的关系恶化。就像例子中小恺和爸爸之间的矛盾。在我们看来，爸爸作为一个成年人,他所说的那句话"长大了只能去要饭",其实对小恺来说是一种莫大的伤害。我们可以来分析一下爸爸说出这句话的原因。第一个就是小恺的期末考试成绩不理想,第二个是他认为小恺在明知道自己成绩不好的情况下还在肆无忌惮地玩儿。总而言之,就是因为现实并不如他的预期,在这个时候就很容易产生愤怒的情绪,可能是在愤怒或者其他情绪的驱使下,他才会对小恺发脾气并且说出伤人的话。我们在成长过程中,父母很容易会有像小恺爸爸的这种暴力沟通行为,或许是因为我们的成绩、表现或者其他的方面没有达到他们的预期,又或许是他们生活中的不如意,种种原因导致了他们的不理智和情绪化。先抛开父母本身存在的问题不谈,在这个时候,只是一味地怨恨父母是不可取的,只会导致我们与父母的关系进一步恶化,从而形成一种恶性循环,也就是父母发泄完自己的情绪之后,我们越抵触,越和他们对着干,他们的情绪会越来越暴躁。所以,我们需要理解我们的父母,找出他们做出不理智行为背后的原因,这样就可以帮助我们理解并且谅解我们的父母。

  我们还要明白,人之所以会暴躁发怒,其实就是因为在心里压抑了太多的负面情绪，坏情绪在积压了很多之后，就很容易被某件事引发出来，有时候一件小事也会成为引爆坏情绪的导火索。我们的父母也不例外。作为成年人，可能他们绝大多数时候都是冷静理智的，但是在某些时候，他们也难逃情感与心智的局限性，我们往往会对自己比较在意的人和事感到生气，有时候生气也并不代表反感和厌恶。俗话说"关心则乱"，正是因为对我们的在乎和关心，我们的父母才会对我们的一些行为感到难过或者失望，又或者是产生其他的一些情绪。他们在这些情绪的猛烈冲击下，难免会做出或者是说出在我们看来不可理喻的行为或是语言。

在面对父母的暴力沟通行为时，首先要平复好自己的情绪，以免自己在说话的时候说出一些会激化父母情绪的话，而且要注意自己说话的语气和语调。在沟通的过程当中，一旦发现苗头不对，就及时终止这场对话，或者转移一下父母的注意力，防止产生更大的矛盾。在父母做出非暴力沟通行为时，沉默不语和进行反击都不是明智的做法，很多的家庭矛盾都是由家庭成员之间不正确的沟通方式造成的。

在和父母发生矛盾时，多沟通，相互理解，理智地来审视我们的亲子关系，这样我们的家庭关系会更和谐和稳固。

以暴制暴是爱的悲剧性表达

暑假的时候,小姨把小表弟送到了阳阳家里,让她给小表弟补习功课。阳阳为了不辜负小姨的信任,提高小表弟的成绩,每天都认认真真地为小表弟补习,比自己学习的时候都要认真。可小表弟正是调皮捣蛋的年纪,怎么可能彻底静下心来学习。

"这一页你已经看了一个小时了。"阳阳敲了敲表弟的头。

"姐姐,我已经看了一个小时了,能玩儿一会儿吗?"表弟满脸期待地看着阳阳。

阳阳面无表情地说:"不可以,把这一页抄完,抄不完不准吃饭。"

小表弟听她这么一说,顿时耷拉下脑袋。

小表弟好不容易写完了一页作业，吃完了饭。看着玩儿手机不愿意睡觉的小表弟，阳阳感觉有点儿头痛。

"说了多少次了，吃完饭赶紧去睡午觉，我们下午还有别的任务。"阳阳说。

小表弟恳求道："姐姐，每天都要写作业，我都没时间玩儿了，就玩儿一会儿。"

阳阳一把夺过他的手机，说："如果你不想让我告诉你妈妈或者挨揍的话，现在立刻睡觉。"

小表弟撇了撇嘴，把被子蒙在头上，没有理阳阳。

午休结束，又到了学习时间，小表弟依然是无精打采的，甚至越来越不配合，姐弟俩好几次差点儿"掐"起来，好在妈妈在旁边及时制止。阳阳暗下决心，以后再也不干这种费力不讨好的活了，而小表弟也气鼓鼓地表示以后再也不来姨妈家做作业了。

事例当中阳阳和小表弟发生矛盾的原因就在于，虽然她希望小表弟能够认真学习，但是使用了错误的沟通方式，激起了小表弟的逆反心理，由此导致了他们二人的矛盾。我们来看一下阳阳是怎样和小表弟沟通的。首先就是不写完这一页就不准吃饭，接着就是不按时睡午觉就要挨揍。小表弟可能知道阳阳这样要求他是为了让他好好学习和休息，但是在他看来这些都是对他的强迫，所以他才会选择抵抗。而阳阳所说的话意思就是如果小表弟不按她的要求去做，那小表弟就会受到惩罚，这其实就是一种以暴制暴的方式，只会导致两种结果：第一种是虽然达到了目的，但是让对方产生了害怕、恐惧的情绪，并不是心甘情愿地去做这件事；第二种就是对方会产生逆反心理，哪里有压迫哪里就有反抗，"你越想让我去做，我就越不做"，最后适得其反，没有将问题解决掉，反而带来了新的矛盾和冲突。

我们应该怎样去做才可能获得对方积极的回应呢？

首先要做到的就是平等地对待对方，将姿态放低。不要高高在上地用自己的标准去评判对方做得对还是错，这样只会引来别人心理上的反感和抵触。在这个时候要注意对方有怎样的需要，了解他们内心的真实感受和想法。就像阳阳，小表弟当时的需要就是在学习之余能多玩儿一会儿，如果她在了解到小表弟的这种诉求之后，告诉小表弟好好地休息早点儿做完作业就可以多玩儿一会儿的话，相信小表弟应该就会积极地配合她了。

其次要做到发出请求而不是命令。事例当中阳阳所说的不做作业或者不睡午觉就会受到惩罚，是典型的命令，如果她能够通过请求来表达她希望小表弟去做的事，而不是强硬地要求他必须去做什么，那么结果也就不会变得那么糟糕了。

最后要做到的就是要明白我们希望对方做出的改变是出于对对方的爱，而且要正确地表达自己的想法。我们经常可以听到父母这样说"这次怎么考得这么差，和亲戚凑在一起都不好意思开口""不好好学习，我就不要你了"，在这个时候我们会认为父母让我们好好学习都是为了他们自己的面子或者其他的一些需求，这就是不正确的表达方式带来的一些误解。随着年龄的增长，我们可能会理解父母真正想表达的意思是希望我们好好学习，以后可以更好地在社会上立足，归根结底还是出于对我们的爱，但在当时的情境下，这很容易让我们产生抵触情绪，起到反作用。

愤怒的核心是尚未满足的需要

小原和朋友们约好周六下午一起去踢足球,到了足球场之后发现有人正在场上踢足球,去另外的场地有点儿远,小原只好上前询问他们还会踢多久,对方告诉小原半个多小时。小原他们几个人商量之后就打算边热身边等场地。

在耐心等待半小时以后,对方没有要停下的意思,小原的同伴忍不住上前询问,得到的答案是还要踢十几分钟。几个人无奈,又等了二十多分钟。

看他们依然没有准备走,小原大声喊道:"同学,你们的时间已经到了。"场上的人像没听到一样,依然在热火朝天地踢球。

看他们这样根本没打算要走,想起自己和同学们耽误的时间,小原肚子里的火"噌"的一下就起来了,拿起足球径直走到球场上踢了起来,还招呼着同伴们一起过来踢球。

"你们怎么回事,抢场地啊?"对方有个人走过来说。

小原马上回怼道:"是我们抢的吗?刚才已经问过你们了,说半个多小时就结束,我们都等了一个多小时了,你们一帮人怎么说话不算数。"

对方大声嚷嚷着说:"我们让你们等了吗?是你们自己愿意等的!不愿意等去其他地方啊!这个足球场是你们家开的吗,你们等就要让给你们?"

"你们讲不讲理啊,不想让早说啊!"小原的同伴小甲说着推了对方一把。

对方毫不示弱,说:"怎么着,要打架是吧!"

双方互相推搡着,场面逐渐失控。

我们来分析一下小原还有他的同伴们和他人发生冲突的原因。从表面上看,他们发生冲突的起因在于对方没有按时下场把足球场地让给他们,但这并不是他们发生矛盾的真正原因，这只是他们愤怒和生气的诱因。我们重新梳理一下这件事情的经过，小原和同伴来到足球场就是想踢足球，而持续的等待并没有满足他们踢足球的需要，也就是对方没有说话算话导致他们的需要没有被满足，从而产生了不满还有愤怒。小原他们之所以会感到愤怒，是因为他们没有与自己的需要相连，而且将没有让他们如愿踢球的对方的行为评判为错误的，如果说他们能够专注于自己未被满足的需要，用理智找到解决问题的办法，而不是迁怒他人或环境，那么这场冲突也就不会发生。

当我们被刺激到并且开始愤怒的时候，我们应该怎样去应对呢？

第一步就是深呼吸，不要盲目地采取一些措施或者说出一些话，而是思考一下我们真正想做的是什么。小原他们其实就是希望到足球场上踢球，对方固然有不对的地方，但是小原不打招呼直接上场的行为在对方看来就是一种挑衅，这无疑会激化矛盾，并且最终也无法满足自己的需要。

第二步就是与对方沟通交流，通过表述事实，说出自己的需要以及请求，最终达到目的。小原的例子当中，他们的问题完全可以用另一种方式来解决。小原可以选择和对方沟通，比如，"我们已经在这儿等了一个多小时了，刚才你们说半个小时就会结束，现在天气这么热，我们也等了很长时间，你们可以稍稍快一点儿吗，或者我们先到场上热身，不会打扰到你们"。如果采取这样平和的语言，相信对方也不会有什么过分的回应。

　　第三步就是注意不要用暴力的方式表达自己的愤怒。这里的暴力除了语言暴力还包括行为上的暴力，这样的方式其实就是用惩罚对方的方式来满足自己的需要，但是这种方式并不能真正满足我们的需要，用暴力的方式表达愤怒是非常幼稚的。

从容应对家庭以外的暴力沟通

又到了一年一度的运动会,作为校篮球队的主力之一,小乐代表高二(8)班参加了篮球比赛,通过大家的努力协作,他们一路打到了决赛,又碰到了老对手高二(3)班——去年的冠军。小乐暗下决心,这次一定要打败他们,拿下冠军!

"今天下午的篮球比赛实在是太令人期待了。"中午,和同学在食堂吃饭的时候,小乐听到邻桌的女生们在讨论下午的比赛。

"对啊,高二(3)班的李凡特别帅,是校篮球队的队员。我看啊,今年他们班还会得冠军。高二(8)班和他们相比,实力还是有点儿弱。"女生甲说道。

"高二（8）班的小乐也是校篮球队的，不过据李凡说，小乐和他还是有一定差距的。"女生乙说道。

被别人说不如李凡的小乐自然心里愤愤不平，心想：有什么了不起的，下午我就赢给你们看！

下午的篮球比赛，运动员们在赛场上挥汗如雨，啦啦队在场下也是热火朝天，不知道是太紧张还是怎么的，小乐失误了好几次，眼看着比分一点点地拉大，最后，高二（3）班获得冠军，高二（8）班获得亚军。

比赛结束，小乐一行人垂头丧气地走在路上，突然，迎面被人撞了一下。小乐抬头一看是李凡，一股无名火突然涌上心头，生气地说："撞到人都不会道歉吗？"

"没注意到，你不也撞到我了吗！对不起，行了吧。"李凡不耐烦地说。

"你这是什么态度，会不会好好说话！"小乐难免有些生气。

"你什么态度！比赛输了不服气是吧？实力差就差，在这儿横什么横。"李凡说道。

小乐被这句话彻底激怒了，挥起拳头就要往李凡脸上打，被班里的同学扯住了。李凡毫不示弱，嘴里嚷着

第二章　原生家庭的影响：你的父母也和你一样吗

要跟小乐一较高下。现场一片混乱，最后两个班的班主任赶到才制止了这场闹剧。

小乐和李凡受到了老师的严厉批评，两个人虽然表面上承认了错误，但是心里都对对方充满了不满。小乐在回家的路上还在想：这个李凡，到处跟人说我不如他，下次有机会我一定要让他尝尝我的厉害。

通过这个案例我们可以了解到，他们发生冲突的根本原因并不是因为李凡撞了小乐，而是在于小乐对同学们把他和李凡做比较感到不满。而且比赛并没有像预期一样获胜，再加上比赛后与李凡的小摩擦，愤怒也就转移到了李凡身上。其实，李凡撞了小乐只能算是冲突的导火索。

我们会产生愤怒这种情绪，主要还是源于我们对别人行为的解读。我们认为别人的行为或言语是错误的，在这个时候，大部分人就会选择用责备或惩罚他人的方式来发泄自己的情绪。换一种说法就是，我们之所以会感到愤怒，是因为我们自己的一种选择。

我们如何用比较合理的方式去表达我们的情绪？更有效地化解矛盾，应该从以下三个方面入手。

第一，区分让我们愤怒的刺激源和原因，还要注意不要把我们对于周围的人或事物的评判与刺激源混淆。

第二，确定我们愤怒的原因是我们自认为他人的行为或者言语是错误的，认为他是应该受到惩罚的。

第三，深挖藏在我们对他人是非对错的评判背后的我们个人的需要。

以小乐和李凡的冲突为例，小乐感到愤怒的刺激源是李凡撞到了他，还有李凡在言语上对他的刺激，而他感到愤怒的真正原因是同学们把他与李凡放在一起比较，并且说他技不如人。小乐自身对于这些言语的评判就是认为同学们对他的评价是错误的，他并没有不如李凡，也就是他的这些评判激发了他的愤怒。小乐的这种评判背后所表达的需要其实就是，他渴望能够赢得比赛并且得到大家的认可。

事情皆有两面性，取决于我们如何去看待它。这次比赛输了，我们继续努力，被老师批评了我们以后好好表现。我们要跳出"当局者迷"的这种困境，分析自己生气、愤怒的原因，认清不是因为他们所做的事情使我们愤怒，而是我们自己对他人的评判导致我们产生了愤怒的情绪，在这个时候，这种愤怒的情绪就不会被转移到他人的身上了，也就会少了很多冲突。

此外，我们还要学会专注于我们自己的需要。比如小乐感到愤怒的根源是被同学说他技不如人，那他就专心提高自己的球技，争取下一次能够赢得比赛，同时赢得大家的认可。他也可以和李凡谈一谈，交流一下自己的看法和感受，使对方能够更好地理解自己，也能够更深入地了解他人，而不是选择扭曲地解读他人的一些行为，错误地评判他人的是非对错。对他人挥起拳头是非常肤浅的表达自己愤怒的一种方式。当我们认清自己的需要，弄清楚导致我们愤怒的真正原因后，就能够有效地化解与他人的冲突。

疗愈我们心中的隐秘伤痛

蓓蓓是班里的学习委员，成绩在班里数一数二。她活泼开朗，对于同学们总是有求必应，从来没有说过一个"不"字。对于这样的情况，蓓蓓一直很苦恼，但是在同学们提出要求之后还是没办法拒绝。

下午放学的时候，蓓蓓想到和朋友小静约好要去看画展，就赶紧收拾书包准备回家。这个时候，同学甲叫住了蓓蓓："蓓蓓，能帮我写一下黑板报上面的字吗？画的部分基本差不多了，还要写一些字，你的字写得好，帮帮忙吧！"

拒绝的话就在嘴边，却怎么都说不出口，蓓蓓只能为难地说了一句："好吧！"

第二章 原生家庭的影响：你的父母也和你一样吗

"你最好了，爱你！"同学甲顿时喜笑颜开。

蓓蓓紧赶慢赶总算把黑板报完成了，顾不得同学甲的道谢，抓起书包就往家赶。

"对不起，对不起，来晚了。"蓓蓓不停地对在家门口等她的小静道歉。

"说吧，这次又是给哪个同学帮忙了？"小静一副"你不说我也知道"的表情。

"就是帮她弄了弄黑板报，我们快走吧。"蓓蓓拉着小静的手说道。

在路上，小静还在不停地教育蓓蓓："不是我说你，哪次都是为了帮别人耽误了自己的事，说个'不'字有那么难吗？"

"怎么办呀，就是说不出口，我在家不也这样吗，在家让我干啥我不干都怕挨骂，学校里都是同学，更不好开口。"蓓蓓无奈地说。

"你不试试怎么知道会不会挨骂呀，先在家里试一试倒是个好办法。"小静还在帮蓓蓓想办法。

蓓蓓低下头，小声嘀咕着："又不是没试过，试一次挨一次骂。"

小静叹了口气，不再说什么。

马歇尔指出，当他人通过语言或者非语言的方式向我们发出负面信息时，我们可以通过四种方式来接收：第一种方式就是指责自己，把错误全部归结于自己身上，这样自己的自尊心也会受到伤害；第二种方式就是指责对方；第三种方式是关注我们自己的感受和需要；最后一种方式就是关注对方想要表达的感受和需要。

我们来看一下，蓓蓓不懂得拒绝别人的原因。她提到，在她向她的父母说不的时候，她的父母就会骂她一顿，在面对父母的负面情绪的时候她就会认为是自己的错误，以至于她在后来与同学相处的过程中也无法拒绝同学的请求。其实这是隐藏在她无法拒绝别人背后的伤痛。

除了蓓蓓的这种情况，我们可能还存在其他的一些问题，比如，不敢和人交流、遇事总会先说对不起、没办法和别人说出自己的真实想法，其实这些都是我们没有好好爱自己的表现。我们只有从内心接受自己、认可自己，才能够获得别人的理解和尊重。

爱自己并不意味着做完全的利己主义者，在考虑别人感受的同时也要考虑自己的需要和感受。我们并不是为了迎合和取悦他人而活着的，如果只是一味地去遵循别人的价值观，总有一天我们会发现，这样只会使我们失去自我，无疑会让人感到痛苦。以自己为中心并不是错误的，按我们自己的方式去生活，展示真正的自我，我们的人生会变得更加快乐和轻松。

在我们与他人沟通之后，就会发现有些人的思想是无法改变的，在他们的头脑中已经形成了固定的思维模式，不符合他们思维模式的就是错误的，在这个时候我们就不要试图去改变他们，而是要去理解他们。这里说的理解并不是屈服和顺从，而是理解他们会有这样想法或者做法的原因。就比如我们与我们的父母，两代人之间的观点总有不同或者冲突的地方，他们很难去改变他们的看法，在这个时候我们就要坚定一点，并不是我们本身是错误的，只是因为我们的一些语言和行为不符合他们的逻辑链条。不要因为和别人有不同的意见就先否定自己，在理解了他人之后，能够帮助我们更好地坚持自我。

我们总是容易在犯了某些错误或者意识到自己的某

些缺点之后就畏惧做某些事。做错事之后自责是正常的，有缺点也是正常的，关键在于我们怎样对待它们，一味地裹足不前和轻视自己都是不可取的。犯错之后反复分析自己犯错的原因，看到自己缺点的时候及时改正，这才是让我们的人生变得更好的正确方法，总是沉浸在过去和自己的劣势当中，只会影响我们未来的发展。

第三章

自己一个人也会出现的非暴力沟通

切忌过度自夸，更不要贬损他人

小森和同学小洋下周要代表学校参加市里的跆拳道表演，于是，他们两个人争分夺秒地进行演练。在演练的过程中，小洋有几个动作总是做得不太到位，小森热心地帮他纠正。

"你做得不对，看我的，我练的时候就不会出现这样的毛病。"小森边说边给小洋做展示。

小洋认真琢磨着小森的动作，继续练习。

小森在旁边伸着懒腰说："都练那么多天了，你才刚刚有点儿起色，老师怎么就想起来让你和我搭档了？"

小洋忍下心中的不快，说道："我也不想去，但是，老师既然选了我，那就好好练习呗。"

经过反复练习，表演当天非常顺利，两个人配合得十分默契，老师也不住地夸奖他们。

小森听到老师的夸奖，说道："老师，今天表演的一些高难度动作我早早就练好了，小洋那几个动作还是我教他的。"

小洋听了小森的话很不开心。

"你说对吧，小洋？"小森扭过头抓着小洋的胳膊问道。

小洋点头称是，接着就不动声色地把胳膊从小森的手里抽了出来。

小森继续吹嘘自己，小洋已经无心再听，心里暗自嘀咕：下次可不要和他做搭档了，到最后都是他自己的功劳，跟别人一点儿关系都没有。

在上述的事例当中，虽然小森和小洋并没有发生激烈的冲突，但是，小森的言行引起了小洋的反感。而且，小森这种在老师面前抬高自己、贬低别人的行为，也会伤害到小洋的自尊心。我们与他人进行非暴力沟通的目的是与他人和平相处，所以在这个过程当中，我们切忌过度地夸大自己，贬损别人，而且要掌握一定的技巧。

首先，我们在给人提出建议的时候，可以适当地进行自我批评，抬高对方，这样会让对方产生一定的优越感，在对方放松戒备心理之后，更容易接受我们的建议。如果我们只是一味地强调自己的成功经验，否定或者贬低对方，对方就会产生抵触情绪，否定我们的建议，还会影响我们与他人之间的关系。就像小森在向老师描述时，他如果换一种说法"小洋的进步挺大的，不像我，反复练了那么多次才能好一点儿"，相信小洋下次还会乐意与他合作。因为张扬，小森失去了一个很好的合作伙伴。

在我们与人交流的时候，特别是即将和对方发生冲突时，要学会适当地示弱。双方都表现得十分强势的话，容易造成剑拔弩张的紧张局面，这时适当地示弱，可以缓解紧张局面，拉近彼此的距离，才能与人相处得更和谐。

有话直说虽然能够简洁明了地表达自己的意思，但是有些情况下会事与愿违，这时候我们就应该婉转地表达自己的意思。比如有客人来家里做客，到了晚上还不走，这个时候我们就可以说"马上就要做饭了，要不然留下来吃饭吧",言外之意就是"你该走了,我们要吃晚饭了",如果直接这样说的话,对方必定会感到难堪,所以,有些时候要用含蓄的语言来表达自己的意愿。

别把自己的不愉快感受归咎于别人

过年的时候,少不了家庭聚会,聚会的时候免不了讨论孩子的成绩。

"我们家小洁这次考得又很好,老师都说了,以后上重点大学不是问题。文文这次考得怎么样?"姑姑炫耀完表姐的成绩,开始询问文文的成绩。

文文听到姑姑提到自己,缩了缩脖子没敢吭声。本来因为考试失利文文的心情就不好,现在变得更差了。

妈妈只好说道:"文文这次考得不太好,发挥不太稳定。"

姑姑一听这话好像更兴奋了,说道:"这样啊,那可得抓点儿紧啊,这以后考不了好大学可不行。我们家小洁各科成绩都很好呢，回头让她去给文文补习一下。"

文文心想：谁要她补习了，吃个饭就显着她了。文文看着姑姑和表姐的笑容感觉更加刺眼了。

回到家，果不其然，妈妈对她一顿数落，"你看看你，再看看人家小洁，你那成绩我都不好意思跟你姑姑说。"

"我学习差，小洁学习好，你找她当女儿呗，我不给你丢脸了。"文文气冲冲地说道。

"说你一句还不行了，我要是有小洁那样的女儿就好了，省得天天生气。"妈妈说道。

两个人大吵一架之后，文文生气地关上房门，越想越气：要不是姑姑在那儿炫耀，妈妈就不会骂我了，都是因为她们我才会挨骂。刚才小洁笑得那么得意，摆明了就是嘲笑我。我看她是不是永远都能考得那么好！

我们来看文文和妈妈发生争吵的整个过程，一开始文文因为没考好心情不好，再加上姑姑有意无意将表姐与她进行对比，她的心情就更加低落了。回家之后，妈妈对她的言语刺激，使得两个人爆发了一场争吵，而后来文文就把她和妈妈产生冲突的原因归咎于姑姑炫耀表姐的成绩，也就是她认为"我会生气，会和妈妈吵架，就是因为姑姑和表姐"。

我们在前面的章节就讲了，人之所以会愤怒，是因为某些需要没有被满足，我们来看看文文的需要是什么。她不想被别人提及自己的成绩，不想被拿来和别人做比较，简言之，就是她希望她的家人能够尊重她、理解她，这就是她的需要。她在不断的刺激之下，愤怒的情绪难以控制，然后就用错误的方式将她的情绪发泄了出来，最后演变成了她和妈妈的争吵。

马歇尔认为：我们如何解读他人的行为，是构成我们有着什么样的感受的一部分。文文愤怒的原因就是她认为"我之所以生气，是因为别人怎样"。她没有把关注的点放到自己的身上，而是放到了她所认为的别人的错误之上。这里所说的将关注点放在自己身上并不是指自我谴责，而是关注自己的需要，将自己的感受和需要连接起来。

当我们将过错归咎于他人身上时，不只是会伤害到他人，由于愤怒而导致的后果也是我们无法承担的。客观环境我们无力改变，别人的言行我们也无法左右，但是，主观意识是由我们自己来决定的，在不愉快的情绪产生时，先别急着发火，静下心，想一想为什么会形成当下的局面，或许更利于我们解决问题。

每股无名之火都是事出有因

珊珊和李媛是一个宿舍的舍友，和她们同住的还有另外两位同学。李媛学习一直都很刻苦，每天总是宿舍里最早起床的，晚上也是最晚睡的。不过在舍友们都在睡觉的时候，她总是会弄出各种各样的声响，比如大家还没有起床，她就开始洗漱，而且声音特别大，从来不考虑会影响到别人休息。晚上熄灯以后她总是开着台灯看书，导致室友们很难入睡。大家虽然对她多有不满，但是都在默默忍让。而李媛一直对三个"好吃懒做"的室友嗤之以鼻，只是没有明显地表现出来。寝室里暂时保持着表面上的平静，看似平和的表面下其实暗藏着诸多矛盾。

这天中午,珊珊和两个室友在宿舍里午休,马上就要睡着的珊珊被关门的声音吓得一激灵,意识到又是李媛之后,珊珊踹了一下床表示不满,非常烦躁地说了一句:"烦死了,还让不让人睡觉!"

不曾想,李媛小声嘀咕:"天天睡得跟猪一样。"

珊珊心里的小火苗立即就燃烧起来,爬起来说:"你说什么?再给我说一次!"随即两个人就开始了一场激烈的争吵。另外两位舍友也加入了"战争",双方互相指责对方的种种不是,差点儿打了起来。

最后旁边宿舍的同学找来了宿管阿姨,四个人的争吵才停了下来,认为被三个人欺负的李媛立马搬了宿舍,和她们三个人从此形同陌路了。

李媛和室友们发生冲突,看似是因为李媛打扰了她们休息才引起的,实际上是多次的不满和愤怒累积到一定程度的爆发。我们在发火之后经常说的一句话就是"最近也不知道怎么了,心里总是有股无名火,老是想发脾气"。细想一下,这些"无名火"都事出有因。我们是不是对某人累积了太多的不满?有些事情是不是没有解决,我们的心里是不是一直憋着气?是不是每次要生气时都在压抑自己的情绪？

我们来看一下李媛与室友之间存在的问题。明明李媛的作息已经影响到了室友，但是室友没有与李媛沟通。她们虽然抱着多一事不如少一事的心理选择了忍让，但心存不满。而李媛作为一个"学霸"，对室友的作息不太理解，片面地认为她们就是好吃懒做。因为双方没有及时沟通，所以导致后来爆发了一场大的争吵。

这个事例告诉我们，有问题不可怕，可怕的是明明知道出现了问题却不去解决，而是选择逃避，导致矛盾升级。我们的"无名火"就好像是沉寂多年的火山，只需要一定的时间、温度或者其他的条件，就会爆发，有时候只需要一件细微的小事，"无名火"就会被轻易地触发。

如果室友认为李媛影响到她们正常休息的时候，就及时与李媛沟通，说明原因，相信李媛会理解她们，以后就会多加小心。还有，李媛认为室友的作息不利于学习，可以和她们谈一谈，提出中肯的建议，也可以消除彼此的误会。因此，为了防止"无名火"的爆发，最重要的就是和他人保持沟通，等心中的"星星之火"呈现"燎原之势"时，无论是对自己还是对他人，都会造成不可预估的伤害。

以另一种方式看待这个世界

人生的每个阶段都会有不同的烦恼,近来小炜觉得自己的烦心事不断。

期中考试成绩出来了,小炜特别开心,老师找他谈话,希望他继续努力,争取下次取得更好的成绩。

同学们在看到他的成绩以后,十分羡慕,不停地夸赞他:"小炜,这次太厉害了吧,照你现在的势头,下次班里前五名绝对有你啊。"

小炜挠了挠头,谦虚地表示:"没有那么夸张,下次还不知道怎么样呢。"同时,他心里开始隐隐担忧,如果下次考不到前五名,同学们会怎么看自己。

回到家以后,爸爸妈妈在得知小炜的成绩之后非常开心，做了一大桌丰盛的饭菜奖励小炜。

"我儿子就是聪明！儿子，继续努力，下次妈妈给你一个大大的奖励。"妈妈高兴地说。

爸爸接着说："下次肯定没问题，等过几天还得给你爷爷分享一下这个好消息。"

听到父母的话，小炜一点儿都开心不起来，又开始苦恼：完了，爸爸要告诉爷爷，妈妈肯定也会告诉外公，一大家子人肯定都会知道，下次考不好那可就丢人丢大了。想到这儿，他感觉吃什么都味同嚼蜡。

在生活中，痛苦与快乐总是相依相随的。生活一切顺遂时，我们开心，有了阻碍时，我们烦恼，这些都是常态。但是，有些人能够看到事物的另一面，从生活的苦难当中寻找出一丝丝甜，这也就是我们常说的乐天派。烦恼无穷无尽，我们不要为尚未发生的事忧心忡忡，其实小炜没有必要担忧，明明是成绩取得了很大进步，却在不停地为下次的考试而烦恼。世界上的任何事物都有两面性，关键在于我们怎样看待。从容地应对一切，换一个角度看问题，我们就会发现世界的美好。

有一个我们非常熟悉的故事。一位老人有两个儿子，大儿子卖扇子,小儿子卖雨伞,雨天的时候老人担心大儿子的扇子卖不出去,晴天的时候老人担心小儿子的雨伞卖不出去,所以她每天都活在担忧之中。如果她能换个角度,想到晴天的时候大儿子的扇子销量会很好,雨天的时候小儿子的生意也会变好,如此一来,相信她就会豁然开朗,每天都生活得轻松愉快。

"塞翁失马,焉知非福"说的就是这个道理,永远都不要用自己片面的认知去评判一件事情的对错,我们看到的也许并不是最终的结果,我们担忧的并不一定就会成真。就像小炜,如果他能换个角度想问题,这次的考试成绩将会成为他不断进取的动力。如果一味地将别人的期盼当作压力,成天忧心忡忡,将会影响他的进步,在下次考试的时候可能就会真的如他所想,不会取得理想的成绩,因为他的全部心思都放在了担心自己下次会考不好上面。

成功时,不要被眼前的美好现象所迷惑,总结经验,继续前进,我们的人生道路才能越走越顺;失败时,不要因为遇到挫折就失去信心,乐观地面对困境,积极地解决问题才是正确的态度。不管遇到什么样的情况,换个角度看待问题,我们的生活将会充满欢声笑语,一切都会变得轻松和谐,阳光也会洒满我们的生活,即使在逆境之中也会开出美丽的花朵。

同理连接是转化消极情绪的快捷键

周末的下午,可可和同学小畅相约去书店买书,约好的下午三点在公交站台碰面,可是迟迟不见小畅的身影。盛夏的太阳烤得人心烦意乱,"这个小畅怎么回事,约好的时间还不来,手机也没有人接,以后不和她一起出门了!"可可在心里直犯嘀咕。

过了约定时间二十多分钟,可可烦躁地在原地转了几圈,忍不住到旁边的冷饮店买了杯冰镇饮料。大概是凉爽的饮料发挥了作用,热得头昏脑涨的可可逐渐冷静下来,去想小畅迟迟不来的原因:不会是出什么事了吧?过了这么久还不来,是睡过头了?可可决定给小畅家里打个电话。"你好,阿姨,我是小畅的同学,我们约好了三点去书店,她现在还没到,是有什么事情吗?"

"真不好意思呀,小畅午觉睡过头了,刚才急急忙忙地跑出去了,走了大概二十分钟了。这孩子,等她回家我还得说说她。"小畅妈妈充满歉意地说道。

可可刚刚挂了电话,从公交车上奔下来一个人。可可定睛一看,正是小畅。

"对不起,对不起,不小心睡过头了,等急了吧!"小畅不住地道歉。

"还好,就是有点儿热,我们快走吧,还能去多逛一会儿。"看着满头大汗又一脸歉意的小畅,可可也不忍心去责备她。

"下次绝对不会再这样啦,一会儿我请你吃冰激凌。"小畅笑嘻嘻地说道。

两个人有说有笑地朝书店走去。

用非暴力沟通解决矛盾需要区分产生愤怒的刺激源和原因,从上述事例中我们可以看出,使可可产生烦躁情绪的刺激源是小畅没有按照约定时间赴约,不过在这种情绪还没有转变成愤怒之前,可可就开始思考小畅是不是有特殊原因,也就是她换位思考了小畅迟到的原因,这使她冷静了很多，所以在看到小畅之后，她就可以比较平和地表达自己的情绪还有需要。

试想一下，面对迟到的小畅，如果可可气急败坏或者说出一些不理智的话，她们的对话可能就会演变成这样，"你怎么才来啊，我都要热死了，下次我可不要和你一起出来了！""我不就是晚了一小会儿吗，有必要小题大做吗？"两个人话赶话，免不了大吵一架，不欢而散。这不是危言耸听，朋友之间的情谊很多时候都是因为某一件事被破坏的，由此可见，能够用非暴力沟通去解决问题是多么重要。

可可和小畅没有发生冲突的原因还在于她们能够用充满同理心的方式对待彼此，不只是可可能够站在小畅的角度去理解她，小畅也能够理解可可在烈日炎炎下等待她的辛苦。就是因为她们都能够明白彼此，所以才可以避免一场冲突。

生活中，我们越是换位思考理解对方这样做的原因，越有可能让对方报以同样的理解，我们在用非暴力沟通解决问题的过程中，需要掌握一定的方法和技巧，也就是以同理心对待他人，这样做不仅是为了理解他人，也是为了让他人能够更深层次地理解我们自己的需要和感受，这样做的结果，比通过用言语或者行为去攻击他人来表达自己的愤怒和不满要好得多，更有助于问题的解决。

建立安全感、信任感和归属感

　　刘小茹的爸爸妈妈在很多年前就离婚了，这些年，刘小茹都是跟着妈妈生活，爸爸会常常来看她，接她一起出去玩儿。虽然是单亲家庭，但是父母给予了她足够的爱。不过，前几年，爸爸再婚以后，刘小茹越来越不愿意去爸爸家了，因为她总觉得自己是个外人。爸爸再婚的对象李阿姨对刘小茹很好，但是刘小茹总是从心底反感她，总觉得她做什么都是错的，这种感觉在她进入青春期以后越来越强烈，甚至在有些时候刘小茹还会讨厌爸爸，觉得只有妈妈还爱着自己。

　　周六的中午，妈妈做了一桌丰盛的饭菜，刘小茹觉得特别稀奇，跟妈妈开玩笑道："今天是什么日子，做这么多菜，是不是你涨工资了呀，妈妈？"

妈妈笑了笑说："你这孩子，我今天是有件事想跟你说。"

刘小茹心中立马就有了一种不好的预感，之前爸爸就是这么隆重地告诉了自己他要再婚的消息。

"你说吧。"刘小茹冷着脸说。

妈妈说："这件事我想了又想，觉得还是应该尽早告诉你，毕竟现在你已经长大了……"

刘小茹打断妈妈的话，说："你也要结婚了吧，现在只是通知我一下。前几年我爸也是这样。果然，你们都不要我了！"

"怎么能说不要你了，不管是妈妈再婚还是爸爸再婚，你都是我们的孩子啊！"妈妈急忙说。

"别说了，我不想听！"刘小茹大吼，然后跑进了房间，任妈妈在门外怎么敲门都不肯开门。

刘小茹边哭边想，爸爸结婚了，妈妈也要结婚了，他们都有了新的家庭，自己就要成为没人要的小孩了。自己果然是多余的，两个家里都没有自己的立足之地，果然自己消失了才是最好的。

安全感是我们每个人与生俱来的需求，而刘小茹的想法，就是缺乏安全感的一种表现。她之所以会缺乏安全感，是因为在父亲成立的新家庭里，她没有归属感。家长的一些行为对于建立孩子的安全感、信任感和归属感起着至关重要的作用，也就是我们可以通过父母的言行来满足自己情感上的一些需求。对每个人来说，从小的安全感、信任感和归属感的满足首先是在家里获取的，而后不断扩展到学校里的同伴、其他社团成员乃至同事和更广阔的社会中。但是我们并不能仅仅依靠外界来获取安全感、信任感和归属感，很多时候，我们还是需要自己帮助自己建立归属感，从而形成安全感和信任感。

我们来看一下刘小茹的想法，她认为爸爸再婚之后，自己对于爸爸来说是个外人，她并没有真正地想要融入爸爸的新家庭，没有积极主动地从爸爸和李阿姨的行为中获取归属感，这样就导致了她安全感和信任感的缺失。所以，在听到妈妈即将再婚的消息时，她会认为自己是没人要的孩子，从而产生抵触情绪。

除了从外界获取，我们如何调节自己的内心，从而营造出安全感、信任感和归属感呢？最重要的就是要做到与家庭成员进行良好有效的沟通或者互动,从而与家庭成员之间建立和谐的关系,这样有助于增进彼此之间的感情。在进行互动的过程当中,可以发现自己是被他人认可和接受的。在生活中,如果缺乏沟通,只会将我们周围的人越推越远,这样就很难获取安全感、信任感和归属感了。就像刘小茹,李阿姨并没有排斥她,对她很好,但是她依然对李阿姨产生了反感的情绪,其实这是她拒绝接受李阿姨。如果她从内心就很抵触,自然也就很难融入爸爸的新家庭之中。

除了家庭生活,我们在学校和社会生活中也需要建立安全感、信任感和归属感,这些情感需求的满足都离不开我们与他人之间的联系,不要盲目地拒绝别人示好的行为,主动与他人建立联系,从而进一步获取安全感、信任感和归属感,这样也有助于我们与他人建立起安全而稳固的关系。

向前跑,迎着冷眼和嘲笑

雪妮是一个性格内向的女孩,不苟言笑,总是悄悄地坐在教室的角落里埋头学习,仿佛透明人一般的存在。而她之所以不苟言笑,完全是因为牙齿长得太显眼了,两颗门牙中间夹着一颗没有脱落的小乳牙,而且这三颗牙齿明显比其他牙齿都小,呈现出"三足鼎立"的局势。

一些调皮的同学经常取笑她的牙齿,甚至故意在其他班级的同学面前讲笑话逗她笑。雪妮每次忍不住笑,露出牙齿后,必然会迎来对面的一句惊呼:"哇!你的牙齿好奇怪啊!这是人类可以长出来的牙齿吗?"这些同学就会跟着起哄说:"快看呀!她有三颗门牙,是福禄寿三星吗?""我看是三英战吕布。""如果她咬人,足够《走近科学》播三集的。"虽然这些调侃的话并没有太多恶意,但如果别人的关注点一直都是自己的缺陷,就算是脾气再好的人也会觉得心情烦闷。雪妮只能收起笑容,低头不语。

"你就是太好欺负了!"雪妮的好朋友佳佳怒气冲冲地把被困在人堆里不知所措的雪妮拉了出来。

"唉,他们说的也没错呀。同学间开玩笑嘛!"雪妮反过来安慰佳佳。

"玩笑的前提是好笑,你觉得好笑吗?这明明就是嘲笑!"佳佳嘟着嘴,脸上写满了"哀其不幸,怒其不争"的表情,并愤愤地说:"你要反抗!你要用他们的缺点去攻击他们!以彼之道,还施彼身!"

"刚开始他们嘲笑我的牙齿时,我是很生气的,冲他们吼过,也自己偷偷哭过,不过后来想了想,其实他们的话完全影响不到我的学习和生活,我每天该吃吃、该睡睡。与其把时间浪费在他们身上,还不如多做几道数学题呢,我要悄悄学习,然后让所有人大吃一惊!"向闺密敞开心扉的雪妮莞尔一笑,三颗小门牙显得如此可爱俏皮。

第三章 自己一个人也会出现的非暴力沟通

我们生活在这个世界上，总是会遇到大大小小的挫折，比如，生理缺陷被过度关注，创意和想法被否定，爱好或习惯被强制剥夺，当我们因为"与众不同"而不被外界接纳的时候，有的人会关心鼓励我们，有的人则是冷眼相向，出言嘲讽，甚至落井下石。在雪妮的事例中，同学们的调侃对她来说就是一种典型的暴力沟通，面对这些不友好的声音，佳佳鼓励她"以牙还牙"，雪妮选择的却是"闭而不战"。

雪妮明白一个道理：受到别人的冷眼和嘲笑并不稀奇，这个世界上有形形色色的人，每个人都有着不同的性格特质和成长环境，我们并不能要求每个人都能给予我们理解、关怀和帮助，在面对外界对我们施加的恶意时，以暴制暴并不是最好的解决方法。当我们去攻击那些有攻击性的话语时，只会让情绪更加失控，还容易做出伤人的行为，也会给对方造成难以弥补的伤害，针尖对麦芒地形成一种恶性循环，破坏我们的人际关系。而且，如果将全部注意力都放在怎么去报复和记恨别人上，我们只会陷入"黑化"的痛苦中无法自拔，属于"伤敌一千，自损八百"。

这就好比，当你在海边沙滩漫步时，鞋子里难以避免地跑进了许多沙粒，硌得脚疼痛难耐，你越是使劲踩沙粒，越是与它们对抗，它们带给你的痛感就越强烈。这时候，你要做的是脚步轻缓地离开沙滩，走到路边，脱下鞋子，倒出沙粒，然后继续走自己的路。

不管是毫无同理心的冷眼，还是充满挑衅意味的嘲笑，本质上针对的都是我们当下的状态，特别是一些在短时间内难以改变的现状，比如雪妮的牙齿。当这些思想狭隘、眼界狭小的人被束缚在转瞬即逝的当下时，我们应该先他们一步，去关注拥有无限可能的未来，将注意力放在自己的内在需要和理想追求上，思考改善现状、提升自我的切实方法，同时，始终以宽容之心对待他人，将这些不友好的声音视为激励自己前进的动力，心无外物地不停向前奔跑。只要我们的速度足够快，那些冷眼和嘲笑都会成为记忆中的过眼云烟。

用成长的思维和发展的眼光看问题，才是面对暴力沟通时的正确审视角度。

第四章

心存善念：解决分歧与冲突

以怨报怨，只会两败俱伤

趁着五一小长假，张凯的爸爸妈妈准备带着他进行一次短途旅行，确定好了目的地以后，一家人开心地出发了。

快要到高速公路入口时，道路堵得水泄不通，司机们烦躁不安，汽车喇叭声响成一片。

半个小时后，长长的车队终于开始缓慢前进，爸爸迫不及待地启动车辆，没想到旁边车道上的一辆车竟然变道插队。

爸爸一边用脚踩油门，一边气愤地说："这人也太没素质了。"

"让他一下也无所谓，万一车蹭了，更麻烦。"妈妈在一旁劝说。

"这可不行,不能让这种人得逞!"爸爸生气地说。

那辆车的司机完全没有避让的意思。"哐"的一声,两辆车蹭到了一起。

对方从车上下来敲张凯家车的车窗,咄咄逼人地质问道:"你怎么开车的?会开车吗!"

爸爸自然不甘示弱,回怼道:"你怎么开车的?那么堵还要变道加塞。"

双方各执一词,僵持不下,道路又堵成一片。最后还是交警出面疏导了交通、处理了事故。

所有事情都解决完,已经日落西山了。爸爸为了逞一时之快而耽误了行程,张凯为此头疼不已。这个事故让一家人的情绪十分低落,旅游带来的喜悦和期待荡然无存。

张凯心想,如果对方加塞时爸爸可以礼让一下,或者在发生事故后双方都能够心平气和地解决问题,也就不会耽误这么长时间了。

在上述事例中,张凯爸爸的行为属于以怨报怨,如果在对方想要插队的时候礼让一下的话,便不会节外生枝，顶多只是再耽误几分钟或十几分钟。

在生活当中，我们经常会犯这样的错误，别人骂我们一句，我们就要怼回去；别人打我们一巴掌，我们也要立马打回去。这种以牙还牙、以眼还眼的做法只能激化矛盾，扩大冲突，使双方的仇越结越深，陷入恶性循环。就像张凯的爸爸和对方司机的冲突，不只损伤了他们各自的利益，还耽误了其他车辆的时间。

我们虽然不提倡以怨报怨，但是也不提倡别人打了左脸，还伸右脸让对方打的行为。

当别人伤害我们时，以直报怨才是最佳的解决方法。以直报怨的意思是以公道对待自己怨恨的人，用合理合法的方法来维护自己的合法利益。而以怨报怨是以伤害他人的方式来发泄自己的愤怒，很容易触犯法律，也有可能会遭到对方的打击报复。比如，在学校里受到其他同学语言上或者行为上的伤害时，收集证据请求老师或者家长的帮助，可以更好地解决问题。虽然说以牙还牙、以眼还眼，从某些层面上说可以出一口恶气，但是并不能从根本上解决问题。

矛盾发生的时候，我们首先要冷静下来，不要急于发泄自己的怒气，愤怒往往会蒙蔽我们的双眼，令我们无法做出正确的判断。其次要实事求是地以合理合法的标准判断自己与对方的行为，不要过分解读别人的某些行为，避免自以为是的判断，不要只因为对方的做法不符合自己的标准就认为对方伤害到了自己。在这个判断分析的过程中，自己的怨气也可以逐渐捋顺，情绪上的波澜可以逐渐平息。怎样才算是合理的标准呢？我们可以将其理解为大家普遍遵守的道德和法律，也就是说，当他人的行为不符合道德和法律的要求，并且伤害到我们个人的合法权益时，我们就可以采取一些合法的手段"反击"，更好地解决问题。

辨别让你感到反感的深层因素

静静总是莫名地讨厌同学小甲,看到小甲帮老师处理一些事情的时候,就觉得小甲是在刻意讨好;看到小甲帮助同学,就认为小甲是在笼络人心;甚至看到小甲穿一件新衣服,都觉得小甲是在故意炫耀,总之就是看小甲不顺眼。

这天,静静和妈妈聊天时,滔滔不绝地说起小甲如何惹人讨厌,直说得自己口干舌燥。

妈妈听完之后,问道:"你到底为什么这么讨厌小甲呢?"

静静觉得有些莫名其妙,回答说:"刚才我不是说了吗,她人品有问题。"

"那她的做法对你有什么影响吗?"妈妈接着问道。

静静想了一下,说:"那倒没有,我听其他同学说,她故意放人家鸽子,但是班长或者老师有什么事,她比谁都积极,反正我跟她接触的时候,也有这样的感觉,这样的人难道不讨厌吗?"

"你看,你这不是戴着有色眼镜看人家吗?单单从某一件事上看,并不能说明她就是这样的人。你对小甲的看法是带上了你主观的评价,以偏概全。"妈妈耐心地劝说。

静静仔细回想了一下,好像确实是这样。

妈妈见状,接着说道:"你再想一下,小甲就没有一点儿优点吗?"

"她应该还算是比较热心肠的吧,有一次我肚子疼,她还帮我打了热水。"静静不情愿地说道。

"这不就得了,你得学会发现别人的优点,不能老是想当然。"妈妈说道。

在生活中,我们经常会遇到这种情况,不知道为什么会特别讨厌、反感某个人。这时候不要总把错误归咎于其他人身上,而是要考虑一个问题:我们为什么会反感这个人？将这个问题想清楚之后，我们对他人的负面看法也会有所改变。

在我们讨厌某个人的时候，首先要考虑一件事，是否因为这个人做了某件事而影响了我们对他的判断。比如，有人借用了我们的东西，在归还时，我们发现物品有一点儿破损，于是认定这个人不怎么样，从此把他列入"黑名单"，即通过其他人的某一行为，我们把他定性，概括成某一类人。其实只是他损坏了我们的东西这件事使我们反感，并不是这个人使我们反感。在现实生活当中，我们时常会混淆这两点，遇到问题时，对事不对人，才是正确做法。

苏轼的《题西林壁》中有一句诗："横看成岭侧成峰，远近高低各不同。"我们在看待一个人或思考问题时，要从不同的角度分析，这样才会更全面、更客观，如果只是根据某一点就随意做出评价，那么很难对人、对问题有全面的了解。静静就是犯了因为某件事或者某些行为就随便定义别人的错误。她因为同学向她描述的一些事，还有她自己和小甲的几次短暂接触，就认定小甲人品不行，对小甲的评价都是消极和负面的，忽略了对方的闪光点。

  此外，我们还要判断对方的行为是不是对我们造成了影响。在这个事例中，小甲的行为没有对静静造成什么实质性的影响，那么她也就没必要和小甲进行对抗。如果对方的行为已经明显影响到我们，甚至伤害到我们，也并不意味着我们有资格对他人进行抨击或贬损。我们应该选择正向沟通，陈述别人影响到我们的这一事实，这样才能让别人认识到自己的错误或者不足，如果我们仅仅是指责和控诉对方，得到的也只会是别人的反击，这样并不利于我们和他人的沟通，问题也无法得到解决。

试着理解那些无心伤害你的人

漫长的暑假结束了,同学们都迫不及待地想回学校和朋友们聊一聊自己在暑假的所见所闻,但是王茹除外。不知道是因为正值青春期还是别的原因,经过一个暑假的时间,王茹长胖了不少,原来的衣服全都穿不进去了,而且脸上长了许多青春痘,这让她苦恼不已。

听着教室里同学们的欢声笑语,王茹鼓足勇气进了教室,刚准备坐下,就听到同桌说:"同学,你走错教室了吧?"

王茹没有吭声,抬头看了他一眼。对方愣了几秒之后,突然反应过来,一脸惊奇地大声说:"你是王茹?我都没认出来,我的天呀!你怎么胖成这样了?"

同学们的目光全都聚集过来,王茹只能尴尬地笑了笑,拿出书挡住了自己的脸。

等到开班会的时候,老师走进教室环顾一周,发出了疑问:"王茹怎么没来?"

同桌"噗"的一下笑出了声,王茹的脸涨得通红,但也只能无奈地举起手说道:"老师,我来了。"

下课以后,同学甲说道:"今天你进门的时候,我都没认出来你,怎么一个暑假没见,脸上还长痘痘了?"

王茹摸了摸脸,说道:"谁知道呢,可能是休息不好吧。"

"王茹不只长痘痘了,还长胖了。"同学乙接着说道。

"那可不,刚才吓了我一跳,她的脸圆得像气球一样。"同桌听到她们几个的对话,忍不住插嘴。

王茹听到他们的对话,虽然嘴上没有说什么,但脸色已经有些阴郁了。

放学以后,几个朋友喊王茹一起去奶茶店喝奶茶,同桌听到以后来了一句:"她都胖那么多了,你们不监督她减肥,还叫她去喝奶茶?"

一天积攒的不快在这一瞬间爆发,王茹怒道:"我胖怎么啦?吃你家大米了?我喝奶茶跟你有什么关系?

你有完没完!"说完之后,王茹转身就走,心里想:明天就去找班主任换座位,说什么都不跟他坐在一起了。

我们来分析一下王茹生气的原因,同桌说的话虽然属于无心之失,但对王茹的心理造成了伤害。可能他并不知道自己的话伤害到了王茹,如果王茹一直耿耿于怀,那么就会陷入纠结和困惑之中。王茹在面对同桌的语言伤害时,肆意地发泄自己的愤怒,也会伤害到对方,使对方产生怨气,从而产生不必要的误会与矛盾,影响两个人的关系。

人非圣贤,孰能无过,每个人都会犯错,都有可能无意中伤害到我们,执着于过去别人带给我们的伤害,过于在乎别人的一言一行,会使我们的人生变得沉重和阴暗,只有放下芥蒂,宽以待人,我们的心灵才会获得自由。

在面对别人带给我们的伤害时,盲目地发泄情绪,并不能解决问题,我们需要冷静下来,想一下对方是否是故意伤害我们。如果对方不是故意的,那么反击就更没有必要了。对于那些无心伤害我们的人,我们可以选择原谅他们,这里的原谅并不是说把一切都当作没有发生过一样，而是放下心中的芥蒂，坐下来好好谈一谈，心平气和地进行正面沟通，表达自己对对方不当言行的介意，这样更容易解开自己的心结，对方也会在说话方式上多加注意。

我们还需要了解对方的想法，理解对方这么说或者这么做的原因。就像王茹的同桌最后所说的"她都胖那么多了，你们不监督她减肥，还叫她去喝奶茶"这一句，从另一个方面来看，可以理解为他是为了王茹好，认为喝奶茶不利于她减肥。如果王茹能够理解同桌的这一层意思，或许就不会暴跳如雷了。

除了要了解对方的想法，我们还要学会换位思考，即使对方因为一些无心之失伤害到了我们，我们也要想一下，如果伤害到他人的是自己，自己是不是也渴望得到对方的原谅？如果能做到将心比心、推己及人，那么问题自然也会得到解决。

在很多时候，原谅他人对我们来说，并不是一件容易的事，但是要明白，面对那些无心伤害我们的人，惩罚他们的同时，对我们来说，也是一种煎熬，只有认清这一点，我们的人生才会变得更加轻松。

第四章　心存善念：解决分歧与冲突

把对别人的"意见"变为"建议"

小亮和同学李鑫寒假报名参加了学校的社会实践大赛，大赛的第一名会被推荐参加市里的比赛。两个人干劲十足、配合默契，却在最后写调研报告大纲的时候各执己见，发生了争执。

"这个地方，我觉得你写得不对，怎么能这么分析呢？跟我最后想呈现的效果不一样。"小亮皱着眉头说。

李鑫说："我觉得挺好的呀，言简意赅。"

小亮反驳道："简单倒是简单，但是不太容易被人理解。我觉得表达的意思不够清楚，应该再详细一点儿。"

"详细的介绍正文里会写啊，为什么非要在大纲里体现?"李鑫说。

"反正我觉得不应该这么写,容易产生歧义。"小亮边说边拿起笔,把原来的内容画掉。

李鑫看到他的动作,顿时心生不满,说:"本来要两个人商量决定的事,怎么你说不行就不行了?"

"我刚才已经给你提了建议,你不听啊!难道这样能得奖吗?"小亮说。

"你那是给我提建议吗?凭什么你说了我就必须听你的?你这是独断专行,不尊重别人的劳动成果!比赛我不参加了,你爱怎么写就怎么写吧!"李鑫说完,收拾了自己的东西,扭头就走。

小亮站在原地傻了眼,心想自己就是提个修改意见,怎么就惹恼李鑫了呢?

我们来分析一下小亮和李鑫发生争执的原因。小亮认为他提出修改建议是出于善意,但他在表达想法时是这样说的:"这个地方,我觉得你写得不对,怎么能这么分析呢?"从一开始,他就否定了李鑫写的提纲,让李鑫产生"凭什么你一句话就否定了我的努力"的想法。虽然他提出建议的初衷并没有错,但是将自己的姿态放得比李鑫要高，特别容易让对方觉得这是在故意刁难自己。

如果"建议"太过刺耳，听起来就会像"意见"，难免让人产生抗拒和反感的情绪。意见和建议有很大区别，意见带有批评性的看法，而建议具有建设性和前瞻性。在与人沟通的过程当中，如果能够将提出的意见转变为建议，那么我们的想法和提议会更容易被对方接受，反之，不仅不会解决问题，还会把关系弄僵，好心办坏事。

向其他人提出建议时，可以试试下面的方法。

第一，不要直接说出对方的问题所在，不要直接否定别人的想法，应该委婉地表达自己的想法，引导对方接受自己的看法。比如，小亮在看到报告大纲不符合自己的预期时，其实可以讲一讲自己对某些方面的一些想法，然后征询一下李鑫的看法，这样更容易被李鑫接受，两个人的想法相互融合，说不定还可以迸发出更多的灵感。

第二，采取迂回的方式，避免和对方发生矛盾。可以肯定对方的某些方面，然后提出自己的建议。我们可以说"这件事（方案）做得还是比较好的，但是我觉得有些方面还不是特别完美,我认为还可以进行一些改动",这样说,对方会觉得心里比较舒服,感到自己的努力得到了认可。如果只是单纯地否定对方,不仅会激起对方的抵触情绪,不采纳我们的建议,而且会伤害到对方的自尊心。

第三,在提出建议时应该放低姿态,将自己放到与对方同等的位置上,虚心地提出自己的建议。尺有所短,寸有所长,每个人都有自己不擅长的方面,也都会犯错误,在发现对方的错误时,我们的目的是让对方改正错误,使事情朝好的方向发展,而不是批评、贬低对方,抬高自己。我们要摆正自己的心态,认识到我们擅长的方面别人不一定擅长,别人擅长的方面我们也未必精通。在认清这一点之后,我们很容易理顺与别人的关系,可以更客观地提出自己的建议。

在与人沟通的过程当中,一定要注意自己的态度,关注对方,维护对方的尊严,很多事情的推进才会越来越顺利。

建设性互动与破坏性互动的黄金比例

刚放假的几天,小智享受了妈妈无微不至的照顾和关心。在期盼孩子放假的热情过去之后,小智和妈妈又陷入了无休止的拌嘴之中。

"小智,帮我倒杯水来。"在厨房忙碌的妈妈喊道。

"哦,马上来。"坐在沙发上看电视的小智随口答应,但是屁股一动不动。

过了一会儿,妈妈忍不住从厨房走出来,埋怨道:"这孩子,喊你都不听。"

"看完这一点儿,我就送过去啦,不用急。"小智漫不经心地说。

妈妈又开始了唠叨:"让你干点儿啥都不行,你看你表姐，在家多勤快，还帮你舅舅做家务，学习也不用催，再看看你，什么都不干，就知道玩儿。"

小智接着说："我也做家务了啊，前天你包饺子，我还擀皮了呢。我学习也不用催啊，刚才我还做完了一套试卷呢。"

"一天天就知道跟我犟嘴，你就气我吧！"妈妈嘟囔着走回厨房。

等爸爸下了班，妈妈又开始细数小智的种种"罪状"，比如天天顶嘴、不学习、说他一句就要顶十句、不会好好说话等，最后甚至说他不把家长放在眼里。小智听了不禁在心里大喊冤枉：怎么偶尔和妈妈的拌嘴到她眼里就成了每天呢？有时候稍微放松一下，怎么就成了天天不学习呢？

无论在学校、家庭，还是社会当中，我们与他人的互动大致分为两类：建设性互动和破坏性互动。建设性互动，是人与人之间的良性互动，能使关系越来越亲密，可以更好地解决问题。破坏性互动，顾名思义就是恶性互动，互动到最后的结局往往演变为冲突。

在小智的事例当中，他与妈妈产生的互动就是一种破坏性互动，还有他与妈妈日常的顶嘴、不做家务等行为，站在父母的角度来看，都属于破坏性互动，以至于在他与妈妈发生冲突时，妈妈会忽略掉小智以往与她进行的建设性互动，将关注点集中在他的不足之处。这就提醒我们，建设性互动要多于破坏性互动，这样我们的生活才会比较和谐。

积极互动和消极互动的比例是 5∶1，也就是说，1 个消极行为需要 5 个积极行为才能够抵消。正是因为小智和妈妈进行的建设性互动并不足以抵消破坏性互动所带来的影响，所以在妈妈的印象当中才会留下他总是顶嘴、惹她生气的刻板印象，长此以往会影响他与父母的关系和家庭的和谐。

我们在与他人交往的过程当中，想要避免破坏性互动，增加建设性互动，可以采取增进对他人的情感性回应的方式。情感交流可以是行为上的，也可以是语言上的，就像妈妈在向小智提出为她倒杯水的请求时，如果小智积极回应的话，妈妈就不会数落他，他们之间的关系也会因为建设性互动而变得更加亲密。我们还可以加强与他人语言上的沟通，在别人提出想要了解我们想法的时候，拒绝互动会让对方感到失落和受伤。除了积极主动地回应，我们还可以多使用赞美、鼓励、认可的词语。

人和人之间的关系需要用心维护，把握住建设性互动和破坏性互动的黄金比例，我们与他人的关系也会越来越融洽。

道歉不走心,反而会造成二次伤害

李莉和晓晨是同班同学,前两天刚因为一件小事吵了一架。她们每天总是抬头不见低头见,互相却不说话,感觉特别尴尬。李莉自知理亏,忍不住找晓晨道歉,还买了一瓶饮料准备送给晓晨。

"对不起,上次的事是我不对,请你喝饮料,原谅我吧。"李莉装作不在意的样子把饮料递给晓晨。

"那天说的话那么难听,买瓶饮料,随便说句话,就能过去吗?"晓晨抬头看了李莉一眼说。

李莉也有点儿委屈,说:"我这不是道歉了吗!我那天又不是故意的。"

晓晨生气地说:"没人逼着你来道歉,不想道歉也无所谓，我不差你那一句对不起。"

"我都已经认错了，你还想怎么样啊！再说，也不光是我的错吧。"李莉气急败坏地说。

晓晨冷冷地看了她一眼，说："我不接受你的道歉，咱俩以后井水不犯河水，就当不认识吧。"

"无所谓，反正我也懒得搭理你。"李莉咬咬牙，转身就走，心里觉得很憋屈，自己主动道歉，反而被她埋怨，真是不识抬举。

有时候，在两个人出现了问题以后，并不是简单地说一句"对不起"就能解决的。道歉最重要的是要用心，真诚和诚恳必不可少。如果道歉没有走心的话，反而会让事情变得越来越糟，甚至闹到无法收场的地步。李莉和晓晨的争吵就是典型的例子，李莉虽然跟晓晨道歉认错，但是并没有放下自己的面子，依然将自己放在比较高的位置上，传递给对方的信息是我已经道歉了，你应该向我学习，大方一点儿，接受我的道歉，而且你也有错。这看似是道歉，实则是在为自己的错误辩解，在对方看来一点儿都不真诚，根本不会被对方接受。在必要的时候我们应该放低姿态，用切实的行动和真诚的语言打动对方。

首先要勇于承认自己的错误，不要逃避责任、推卸责任。李莉在道歉的时候，虽然嘴上认错，但心里否定了自己的错误，转而替自己辩解，把两个人争吵的"锅"甩到了晓晨的身上。明明我们才是受害的一方，加害者却理直气壮地指出我们的错误，换成谁都会生气。如果问题确实是由于双方的过错造成的，我们在道歉的时候也不要急于说出对方的错误，这会让对方觉得我们是在找借口，可以等双方和解以后、对方询问我们的时候，再做出解释。

其次，在交流时要注意自己的语气、语调，如果像李莉一样，用漫不经心、轻描淡写的语气道歉，只会引发第二次争吵。

在有了过错、伤害到别人的时候，及时改正并且道歉是十分正常的一件事，只要放下面子、态度诚恳，我们就会获得对方的谅解，化干戈为玉帛；反之，不仅会将对方越推越远，而且还会对他人造成更大的伤害。

第五章

表达感激：促进信任与合作

人际关系的纽带是交情，而非交易

林婉的生日快到了，爸爸妈妈已经提前透露到时候会送给她一直想要的东西，好朋友小月也告诉她会有惊喜，林婉日思夜想地盼望着生日赶紧到来。

生日当天，爸爸妈妈送给林婉的生日礼物是她一直都想买的物品，她非常高兴。来到学校，林婉对小月送的礼物更加期待了。小月过生日时自己送了她一个超大的玩偶，那可是自己用攒了很久的零花钱买的。这次自己过生日，小月应该也会送自己同等价值的礼物吧。

好不容易等到放学，小月先拉着林婉去蛋糕店取了她前一天给林婉定的蛋糕，然后神秘兮兮地从书包里拿出来一个精美的礼品盒。拆开以后，林婉的笑容顿时凝固了，盒子里放着一副手套和一条围巾。

小月并没有注意到林婉的表情，开心地说："手套和围巾可是我查了好多的教程学着织的，拆了好多次，我想着马上就要到冬天了，送你这个刚好。"

"是吗，挺好看的。"林婉强颜欢笑。

小月接着说："你喜欢就好，快走吧，我请你吃大餐。"

吃完饭回到家以后，林婉把小月送她的礼物扔到一边，心里十分郁闷：小月过生日的时候，自己送她那么贵的玩偶，自己过生日，她就送自己不值钱的手套和围巾，这朋友交得真没意思。

从那天以后，林婉就开始刻意疏远小月，在小月想要她帮忙时也是一再推辞，实在是推辞不了时，也是权衡利弊后，才会有所行动。慢慢地，她和小月的交情也就淡了下来。

什么是交情？我们可以理解为人们互相交往而产生的情谊。人际交往是以互相沟通、互相交流、互相感受为基础的，在这个过程当中，人与人互相感知，由此产生感情，这样人与人之间也就有了交情。

我们可以看一下，在林婉和小月的事例当中，她们互送礼物，小月送给林婉的礼物饱含着小月对林婉的情谊，但是在林婉的认知中，认为自己送了小月多少价值的礼物，小月也应该回赠同等价值的东西。在她看来，礼物的互赠更像是等价交换，是一种交易，而此后她与小月的交往过程中，也是仔细权衡才会给予小月帮助。

交易是买卖双方对有价物品及服务进行互通有无的行为，这与交情完全不同，这种行为并不包含任何感情。如果说人与人之间的关系仅仅依靠交易来维持，那么这样的关系注定维持不了多久。交易是以利益为中心进行的，如果人际关系以交易为纽带，那么以利而聚，自然也会以利而散。就算不是在社会当中，在一个家庭里面，如果没有家庭成员之间互相付出感情，那么一家人也会变得疏远，甚至反目成仇。在与人交往的过程中倾注感情，这段关系才会变得长远。

尽管人与人交往讲究的是交情，也并不是说我们在付出之后不求回报。只不过我们要明白，人与人之间的相互付出并不是等价交换，而是情感的相互输送，因此别人回馈给我们的并不一定是相同价值的东西。只有明白了这一点，我们在与人交往的过程当中才不会过于计较一些烦琐小事的得失，人际关系才会变得更加持久和牢固。

良好的人际关系始终是以交情为纽带的，只要我们始终以赤诚之心对待他人，别人在感知到这份真诚情谊之后，也会以相同的态度对待我们。

谁是你可以随时打扰的人

李敏和宋慧是从小一起长大的好朋友，两个人形影不离，上学也在同一个班级。李敏性格大大咧咧、风风火火，宋慧办事谨慎小心、富有耐心，所以很多时候李敏特别依赖宋慧，大事小事都要找她商量一下。虽然宋慧觉得好朋友就应该互相帮助，但是李敏有时候不分时间场合的求助让她感到特别无奈。

周六早晨，宋慧睡得正香，被突然响起的手机铃声吵醒，果然又是李敏打来的。

"又有什么事啊？"宋慧接通了电话，无奈地小声嘟囔着。

"慧慧，你总算接电话了，江湖救急！"李敏急吼吼地说。

宋慧问:"怎么了?"

"老师昨天联系我,让我参加这次的演讲比赛,我什么都没准备,这可怎么办啊!我昨天想到半夜都没有睡着,给你发消息也没回我。今天早晨我实在是太着急了,才给你打电话。"李敏解释道。

宋慧看了一眼手机,果然有几条未读信息,发送时间是子夜一点多,那时候自己早就睡着了。

宋慧还没来得及做出反应,李敏又接着说:"慧慧,赶紧起床吧,我现在立马去你家找你,今天你就当观众陪我练习吧。"说罢挂了电话。

宋慧只好起床洗漱,刚刚收拾妥当,李敏便急匆匆地赶到了,然后两个人就开始了魔鬼式练习,李敏兴致勃勃,宋慧则哈欠连天。

好不容易熬到了中午十二点多,李敏又跟宋慧约好了下午的练习时间。宋慧虽然勉强答应下来,但在心里哀号:这样的日子什么时候能结束啊?

在成长的过程中,身边有许多与我们亲密无间的人,但是并不意味着亲密到我们可以随时打扰。每个人都有自己的作息时间、习惯和安排，我们要考虑一下自己的行为是否会影响到对方的正常生活。在真正遇到困难时，这些人会随时随地向我们伸出援手，但如果因为一些无关紧要的小事就贸然打扰对方，反而会引起对方的反感，长此以往，会影响到人际关系的维系。就像宋慧，因为和李敏是从小一起长大的好朋友，所以愿意帮助李敏解决问题。但是李敏随时随地都要向她寻求帮助的行为确实会对她的生活产生影响，不满的情绪产生并且逐渐累积，最终可能会产生矛盾。

有句话说得好："凡事皆有度，过则反，人尽厌之。"我们在向他人求助的时候，要注意把握好这个"度"。在遇到问题的第一时间，不是先想到找别人帮忙，而是要先自己想办法解决，如果自己实在解决不了，再去找别人，但要注意求助的方式方法。没有人会随时为我们服务，不可以像李敏一样不分时间早晚地给宋慧打电话、发消息，这样的行为很可能会引起对方的反感。我们还要判断事情的轻重缓急，如果确实是刻不容缓，这个时候再去打扰别人也不晚，说明情况之后，别人也会理解。

我们还要懂得一点，就算对方与我们的关系亲密无间,也不代表别人就应该为我们做什么。别人帮助我们是出于情谊,不帮我们也是他们的本分。所以在别人施以援手后,我们要懂得感恩,要向对方道谢。也许有人认为,亲人、好朋友之间无须那么多繁文缛节,道谢会显得生分,其实不然,向对方道谢,反而会让双方的关系越来越稳固。

表达自己的需要，倾听对方的需要

小雅和彤彤最近闹了点儿矛盾，作为她们共同的朋友，晓雯非常希望她们能够和好如初。

"她一点儿都不顾别人的感受，以后我绝对不会再理她了。"小雅气得牙根痒痒。

"跟我说说，到底发生了什么事，能把你气成这样。"晓雯关切地询问。

"我们两个报名参加元旦晚会的舞蹈节目，这段时间一直都在忙里偷闲地练习。刚开始还好，每天晚上都能准时练习，这几天她也不知道怎么了，总是要提前走。昨天下午我说了她几句，她倒好，晚上直接放我鸽子，没几天就要表演了，我们练得一点儿都不默契，上台不是出丑吗！"小雅说。

"她有没有说自己为什么会提前走？"晓雯又问了一句。

"反正她每次都说自己不舒服，不是这儿疼，就是那儿疼，谁知道是不是因为不想排练找的借口。"小雅说。

"万一她是真的不舒服呢？又或者是家里有事不好跟你讲。她跟你说不舒服的时候，你有没有关心一下她呢？"

"那我倒是真没放在心上，她不是一向娇滴滴的吗。我总觉得她没把这次表演当回事。要不然我去找她谈一谈？"小雅挠了挠头说。

在晓雯的调解下，小雅和彤彤见了面，互相诉说了自己的感受和需要，最后理解了对方的处境，两个人重新制订了排练计划，元旦晚会的表演也十分圆满。

当问题发生的时候，及时进行沟通是高效解决问题的方法之一。我们要注意的是，在表达自己的情绪和需要的时候，也要注意倾听对方的需求，不要一味地顾及自己的感受。上述事例中，小雅和彤彤之所以会出现矛盾，是因为小雅在排练的过程中只表达了自己的需求——按时排练、圆满完成表演，并且希望彤彤可以满足自己的需求，但是没有了解、理解彤彤的感受和需要。如果小雅当时能够认真倾听彤彤的一些诉求，可能就不会出现上面的小插曲了。

这就告诉我们，在冲突发生时，如果双方或者一方情绪比较激动，那么需要先冷静下来，采取其他方式进行有效沟通，不能任性地拒绝沟通，以防再一次激化矛盾或者采取暴力的方式发泄情绪。在我们表达自己需要的同时，还应该用心体会他人语言之中所包含的感受、需要等，及时给予对方反馈，表达出我们对他人言语的理解，要询问对方我们的理解是否正确，这样便可以一步步地走进对方的内心。

我们在表达自己需要的时候，也应该注意几点：第一，明确表达自己的需求，不要模棱两可、含糊其辞，要提出希望对方具体怎样做；第二，提出请求的同时表达自己的感受，以此来获得对方的理解；第三，了解对方的感受和意愿，提出一些相应的请求；第四，将请求和要求区分开，理解他人的感受，以免让对方认为不满足我们的需要就会受到惩罚或责备；最后，发出请求的目的必须是满足双方的需要,而不是自己一方的需要。

非暴力沟通不是通过强迫对方或压制我们的愤怒来解决问题,而是以同理之心对待对方,满足彼此的需要,减少摩擦与争吵,让人际关系更加和谐。不管我们面对的是谁,在我们向对方索取自己的情感需求和物质需求时,也不要忘了用心感受他们的内心需求。

三种问询法，让对方跟着你的节奏走

李馨是家里的独生女，爸爸妈妈很宠她，再加上她的学习成绩一直都很好，长得又漂亮，同学和老师都很喜欢她，所有人对她都是有求必应。可是上了初中以后，她发现自己和同学们的相处越来越难了。

周五，老师交给她和其他几个同学一项任务，利用周末时间做一份七一主题的黑板报。

放学以后，不等大家说话，李馨就说："明天咱们都早点儿来，早完工早了事，要不然咱们就早上七点半开始吧。"

见大家没有回应她，李馨便认为大家同意了，接着说："今天晚上小甲找一下黑板报上要用的文字材料，小乙找一下其他素材,晚上发给我,我和小丙排一下版,明天大家一起画。"

这时候小甲忍不住了,说:"你说让大家干什么大家就要干什么吗?你也不听听大家的建议。你怎么确定我们明天有时间呢?"

李馨不免有些疑惑:"老师不是说让我们周末出黑板报吗,周六不来,周日一天时间能弄完吗?"

小丙说:"我明天家里有点儿事,估计没法来得特别早,而且我也不是很擅长排版。"

李馨见状,不免有些烦躁,说:"这是老师交代的,你们怎么这么不配合?"

小乙接着反驳她说:"老师交代了是没错,又不是只跟你说了。明天什么时间来、怎么分工,你不问问大家的想法,也太不把别人当回事了吧!"

"我只是想早点儿完工,不知道怎么就惹到你们了。你们爱怎么着怎么着,我走了。"说完,李馨抓起书包,气鼓鼓地走出了教室。

我们来分析一下李馨与同学们发生争执的原因。她在向大家发出请求的时候,沟通态度过于理所应当、独断专行,没有考虑到别人的需求和感受,导致她与同学们没有达成合作。顺风顺水的生活经历让李馨不懂得如何对别人提出请求、寻求帮助,她提出的建议在同学们看来更像是生硬的命令和要求。

要想与他人达成合作,并且让对方愿意帮我们的忙,可以采用以下的沟通方法来进行问询。

让对方认同我们,就是让对方能够了解我们的需求,对此加以理解。沟通之时,要格外注意我们说话的态度,谦逊、真诚地提出请求,尽可能地放低姿态,别人在情感上更容易与我们产生共鸣,请求才会达到预期的效果。否则很有可能会让对方反感,最后什么事也做不成。

设身处地为他人着想,这样才更容易打动对方。人性的本能之一是习惯以自我为中心,当别人想让我们做什么事时,我们的第一想法往往是"我想不想做这件事、我有没有时间做这件事、做这件事对我有什么好处"。所以我们要在沟通时将主动权让给对方。如果李馨当时能这样说:"不知道大家明天有没有空,如果有空的话,咱们一起商量着定个时间。我个人觉得应该尽量早一点儿,大家觉得几点开始合适?"给予每个人充分的发言权和参与感，大家就不会产生强烈的被支配的反感情绪。

如何为对方创造需求呢？通过询问了解对方的心中所想，摸清需求，解决需求，先己后人，这样我们的求助也不容易被拒绝。李馨的做法完全没有考虑到他人的需求，她在不了解其他同学擅长什么不擅长什么、喜欢做什么不喜欢做什么的时候，就盲目地分配任务，自然会引起其他人的不满。如果她提前问小丙擅长做什么、想做哪部分工作，挖掘出小丙自身的需求并加以满足，那么任务的分配也会更加顺利。

我们在寻求他人帮助或者是与他人协作的时候要注意，并不是我们发出了请求，别人就一定会同意，有时候不注意沟通的方法和策略，反而会让原本简单的事情变得棘手，成功的概率也会大大降低。

社交距离：站得足够近，但也别太近

孙菲菲听妈妈说邻居阿姨是一个极其热情的人，每次超市搞什么活动都要喊妈妈一起去，从老家带来什么特产也都要送过来点儿，就连碰到超市洗衣液、抽纸搞促销都要给她家带上一份，为此妈妈感到非常苦恼。孙菲菲非常不理解，远亲不如近邻，邻居之间和睦相处，不是挺好的吗？不过在经历了邻居阿姨的"热情轰炸"之后，孙菲菲就不这么想了。

春节前，家家户户都在准备年货，妈妈正在手机上翻食谱，为年夜饭做准备。这时候门铃声响起，孙菲菲开门后，不等她招呼，邻居阿姨就走了进来，边走边说："我听你妈妈说，她不太会炸丸子，我过来帮帮忙。"

只见她轻车熟路地挽起袖子，走进厨房就开始忙活。

孙菲菲和妈妈连连道谢，邻居阿姨大手一摆，十分豪爽地说："这算啥，你们家过年还需要做点儿什么，我一块儿帮你们做出来。"妈妈连忙表示这些就够了。

好不容易送走了邻居阿姨，孙菲菲说："妈妈，我终于知道你为什么说这个阿姨热情过头了。"妈妈无奈地摊了摊手。

下午，门铃又响了，邻居阿姨笑盈盈地拿着一副春联说："我今天下午去超市买春联，顺便给你家带了一副。"妈妈向她道谢以后，要把钱给她，邻居阿姨死活不要。

邻居阿姨走后，孙菲菲哭笑不得地说："我们不是刚买了一副春联吗，贴哪个呀？"

妈妈也是头疼不已："不贴的话，好像辜负了人家的一番好意，真是犯愁。"

在上述事例当中，邻居阿姨的行为属于没有社交距离感，通俗来讲就是太不把自己当外人了。邻居阿姨的热情虽然没有错，但是这种过度的热情确实给孙菲菲一家造成了困扰，使她们感到了不适。

在人际交往中,无论是哪种类型的人际关系,都不是越亲密无间越好,除了过分热情,其他行为也要把握一个度。我们需要保持适当的社交距离,这里的距离并不单单是用计量单位进行衡量,而是指人与人之间的界限感。不管两个人有多么亲密,没有界限感,只会给人带来困扰和负担,超过了人与人之间的边界,也会使人产生自己的空间被人侵犯的感觉,更会消磨我们与他人之间的感情。

比如,父母习惯了无微不至地呵护年幼的我们,在我们长大后需要有自我空间时,如果他们依然如此事无巨细地关心、干涉,就会给双方都造成困扰,我们认为父母的过分关心是一种负担,而父母则会认为我们不知好歹,不明白父母的良苦用心,这也是很多子女和父母发生冲突的原因。网络上非常流行一句话"父母和子女之间应该保持一碗汤的距离",这不只是指在现实生活中保持一碗汤的距离,还代指既不太冷也不太热的心理距离。

我们还要注意,别人需要帮助的时候,我们要及时提供帮助,别人在诉说的时候就专心倾听,别人不愿意说的事情，也不要为了满足自己的好奇心去打听，更不要横加干涉，每个人心里都有自己不愿意被人触碰的隐秘空间，不去肆意窥探是对他人的尊重。

肢体语言：帮你"说话"的神助攻

学校每周都会举行升旗仪式，每个班都会推举一位同学进行国旗下的演讲。老师在班级里举行了一次小型比赛，比赛的获胜者会代表班级在全校进行国旗下的演讲。在经过充足准备之后，学习委员王浩信心满满，没想到最后竟然是同学甲得了第一名，王浩感到十分沮丧，也觉得很不公平。

放学路上，王浩的朋友小丙看他一脸不快，想开导他一下。在王浩说出自己的困惑之后，小丙思考了片刻，说："虽然你的语言表达特别流畅，情感也很丰富，但是在演讲的时候，你没感觉自己有一些多余的小动作吗？"

王浩十分疑惑，说："我没感觉到呀！"

"当局者迷，旁观者清，我当时看见你的手不自觉地乱动，一会儿放在前面，两只手紧握，一会儿又背到身后，而且你的面部表情有些僵硬，会让别人感觉你特别紧张，非常不自信。"说完，他模仿了一下王浩当时的面部表情。

王浩十分惊异地说："我当时的表情是这样的？太难看了吧！"

小丙说："你再想一想小甲的表现，他演讲时表情和动作都特别放松，有精气神，也有感染力。"

"我还以为我的表现很完美呢，看来我还得好好努力。"王浩挠挠头，不好意思地说。

我们的心理状态，除了可以用有声语言来表达，还可以用肢体语言来表达。与有声语言相比，肢体语言更为直观，互动性也更强。有时候我们仅仅是站在那儿不发一言，别人也可以通过动作来了解我们的内心世界。比如在观看奥运会时，看到中国队获得冠军后，有的人会鼓掌或者跳起来，即使不说一句话，别人也会知道他现在非常兴奋、喜悦。

得体的肢体动作可以提升我们的魅力，为我们加分，也可以带动倾听者的情绪，还可以烘托氛围。

有声语言有一定的局限性，有声语言的不足可以通过肢体语言来弥补，但是并不意味着我们可以完全舍弃有声语言，用肢体语言来代替。在和对方进行沟通、表达自己的想法时，可以适当增加一些具有丰富表现力的肢体动作来辅助语言，帮助对方更好地理解我们的想法。

不经意的肢体语言不仅可以从侧面反映出我们当时的心理状态，而且可以直接体现我们的气质、性格、修养等。一些不得体的肢体动作会引起他人的反感，需要我们有则改之、无则加勉。比如在说话的时候用手指着对方、不停地扭动摇摆身体、抠手指、站着或坐着的时候抖腿、频繁地摸脸摸鼻子等，这些动作会使人感到不舒服。因此，我们要学会有意识地控制自己的一些小动作，以防给人留下不好的印象。

拒绝与被拒绝都是人生常态

在看到期中考试成绩以后，小双傻了眼，这是自她上学以来的最差成绩。小双做出了深刻反省：开学以后她和朋友们出去玩儿的频率太高了，每天的作业完成得十分敷衍，课余时间也基本上没有用来学习。她下决心以后要减少出去玩儿的频率，抓紧时间把成绩赶上来。

转眼又到了周末，周五放学时，朋友小甲说："小双，明天咱们去游乐场玩儿吧！"

小双犹豫了一下，刚要拒绝，小甲立马说："咱们这周作业不是特别多，去游乐场玩儿一天，晚上回家再写作业也不晚，大家都去，你也去吧！"

拒绝的话就在嘴边,却怎么也说不出口,说出来怕惹得朋友不开心,小双犹豫再三,只能答应。

第二天,因为惦记着回家写作业,又担心被妈妈唠叨,小双玩儿的心不在焉,一直在后悔接受小甲的邀请。

很多时候,我们会因为面子问题或者其他原因而不好意思拒绝别人,以至于陷入这样的认知误区:认为拒绝就是在拒绝某一个人本身,是在否定和伤害他。其实我们拒绝的只是某一个人发出的某些请求。所以,在对方提出请求时,如果是不合理的,我们就可以直接拒绝,并且说出拒绝的理由;如果是合理的,但并不是自己想做的,也可以拒绝,说明自己内心的想法,做到及时有效的沟通,对方在了解到我们的需求以后,也会给予理解。

简言之,面对不合理的请求,拒绝的要领是干净利落地"晓之以理";面对合理的请求,拒绝的要领是真诚平等地"动之以情"。

在小双的事例当中,她如果在小甲提出要去游乐场玩儿的请求时就直接拒绝,然后向小甲解释自己拒绝的原因，也就不会出现她在游乐场里坐立难安的情况了。有时候，不懂拒绝，处处迁就，对自己也是一种伤害。

在拒绝别人的时候，用语不要含糊其辞。有人经常这样婉拒别人："我不知道那天有没有空，如果有空的话，就……"这句话的初衷可能是在表达委婉的拒绝，但是拒绝得并不干脆，如果对方满心期待我们能够赴约，而我们又没有准时到达，那么这样模棱两可的话反而会伤害到对方。所以我们在表达拒绝时，一定要态度鲜明、用语明确，但同时也要注意措辞和语气，既准确表达自己的意愿，又不会伤害到对方的感情。

另外，为了维护我们的人际关系，即使出于各种原因拒绝了对方，也不能就此了之，我们需要为对方提供一些情绪价值和额外帮助。比如，当朋友遇到困难你却无力施以援手时，至少可以站在对方的角度，将心比心地给予安慰，几句暖心的话语能够让对方重燃希望。我们还可以替对方多想想其他解决方法，提供一些建议、信息和资源，把能够帮上忙的人介绍给对方。这对我们来说，其实都是举手之劳，但对需要帮助的人而言，恰似雪中送炭、春风送暖。

拒绝与被拒绝本就是人生常态，我们除了要学会有策略地拒绝别人，同时也要学会坦然地接受别人的拒绝。就像前面所说的，我们拒绝的只是别人的请求，同样，别人也仅仅是在拒绝我们的请求，而不是对我们个人有看法或偏见，千万不要因此心生怨念。别人拒绝我们的请求时，如果给出的原因充分合理，我们应该表示理解，以平常心对待；别人答应我们的请求后，我们也要及时向对方表达自己的谢意。

总而言之，遇到求助，帮或不帮；遇到要求，同意或不同意；遇到邀请，去或不去，都是每个人的自由和权利，无可厚非。说出拒绝之后，对方尊重我们的选择，这样通情达理的朋友值得珍视；被对方拒绝之后，我们也需要尊重对方的选择，拥有一颗海纳百川的包容之心，才能真正践行非暴力沟通。